界限感与分寸感

墨 非 ◎ 著

中国华侨出版社

· 北京 ·

图书在版编目（CIP）数据

界限感与分寸感／墨非著. —北京：中国华侨出

版社，2023.4

ISBN 978-7-5113-8683-0

Ⅰ.①界… Ⅱ.①墨… Ⅲ.①心理交往 Ⅳ.

①C912. 11

中国版本图书馆 CIP 数据核字（2021）第 238384 号

界限感与分寸感

著　　者：墨　非

责任编辑：张　玉

封面设计：天下书装

经　　销：新华书店

开　　本：710 毫米×1000 毫米　1/16 开　印张：13　字数：169 千字

印　　刷：涿州市京南印刷厂

版　　次：2023 年 4 月第 1 版

印　　次：2023 年 4 月第 1 次印刷

书　　号：ISBN 978-7-5113-8683-0

定　　价：45.00 元

中国华侨出版社　北京市朝阳区西坝河东里 77 号楼底商 5 号　邮编：100028

发行部：(010) 58815874　　　传　真：(010) 58815857

网　址：www.oveaschin.com　　E‑mail：oveaschin@ sina.com

如发现印装质量问题，影响阅读，请与印刷厂联系调换。

　　心理学家武志红老师曾提出过一个理论：糨糊逻辑。说的是生活中很多人的思维和行事方式就像是糨糊一样，混乱一团，丝毫没有边界感和分寸感。他们在与孩子或爱人相处时，总会肆意地干扰甚至控制他们的想法和决定。他们总打着"我是为你好，我这么做都是因为你"的名义，做着伤害对方的行为。尤其是在父母与儿女的关系中，他们将子女看成是自己的私有财产，无视他们的感受。他们从不认为孩子是具有独立意志与选择的个体，不承认他具有独特性，也看不到他个人所属的界限，甚至不把他们当人来看。甚至在有些父母的眼里，孩子是没有个人界限的，也不应该有自己的隐私，所以，生活中，他们禁止孩子做一切违背他们个人意愿的行为或决定，这实际上不是爱，而是束缚。在对待周围的朋友时，他们总是会放纵自己，毫无节制地干扰别人的自由，侵犯别人的隐私，甚至还以"我们是好朋友"的借口，过分地侵入对方的"领地"，甚至还肆意地伤及别人的自尊。

　　要知道，世界上的每个人都是独一无二的个体，拥有自己的特质。每一个具有自身特质的个体都是一个与众不同的自我，而且每个灵魂都有区别与其他灵魂的界限。能清楚地界定自我界限并同时认清他人的界限，这是心理健康的重要标志与前提。为此，心理健康的人在与他人交往时，都懂得尊重人与人之间的界限，不会去侵扰他人的界限。

在人际交往中，一段好的关系并不是那么容易就能建立起来和维持下去的，有人说，大多数关系糟糕的根源就是缺乏界限感和分寸感，本人深以为然。在相处中能守好边界，行事讲分寸的人，对人不一定有多热心，也不会刻意地与人勾肩搭背，称兄道弟，但他们说话、办事能让人感受到稳妥且又舒服。他们会小心翼翼地绕过你的伤心事，他们不会对你的生活指手画脚，哪怕你做出常人难以理解的选择，他们也会对你始终保持尊重的态度。与这样的人相处，才会产生安全感、舒服感和被保护感。

距离太过疏远也违背了距离感与分寸感的定义。只有站在合适的位置，能设身处地地为别人着想，并做出恰如其分的举动，说得体的话语、做贴心的事，且不逾矩，才称得上是情商高、留距离和懂分寸。

目录

第一章

好的关系，都自带界限感和分寸感

——保有一点距离，才能久处不厌

第四章 **行事知进退，为人有气度**
——知深浅、懂取舍、识大体是一种修养

第五章

伴侣相处：心中有界限，行为有分寸

——"亲密有间"，方能长久

第一章

好的关系，都自带界限感和分寸感
——保有一点距离，才能久处不厌

生活中，真正好的关系，往往都自带界限感和分寸感。所谓的界限感，就是亲近地保持距离；分寸感更多指的是人的天分与修养经内在沉淀而形成的对人或事物的合理认可度。这也告诫我们，为人处事要讲究"度"，树立与他人之间的边界感，切勿越界。否则，会让彼此感到疲惫。久而久之便会心生嫌隙。有界限感和分寸感的人际关系，不会过分地向彼此索取，也不过多地向彼此提要求，并能尊重对方的个人意愿和选择，如此才能舒服地相处，才能久处不厌。正如一位哲人所说："好的人际关系就像一棵树，平时没事浇点水，打理打理，偶尔看到几朵漂亮的花，赏心悦目，便足以。运气好的话，结出几颗果实，一起分享人生的甜蜜，便是一种幸运。"

界限感和分寸感：熟人不逾矩，生人不越界

界限感和分寸感是为人处事的必备修养。那什么是"界限感"？通俗讲就是与人亲近地保有一点距离，真正地做到熟不逾矩，生不越界。即指熟人之间要有必要的界限感，不逾矩，生人之间要守住该有的分寸，不随意跨越界限。生活中的诸多烦恼皆是因为界限感模糊所带来的。界限感模糊主要分为两个方面：第一是自我边界感薄弱，拥有这个特征的人常会将别人的事情当成他们自己的事情，因为别人的事情感到内疚和自责，无法守住自己的边界，比如拥有讨好型人格的人、"妈宝男"、敏感者、焦虑型依赖症、个人情绪极容易被周围的人或事影响的人等等；第二是不懂得尊重他人的边界，将自己的意愿强加于别人，比如有着极强控制欲的人、强势的人、拥有分离焦虑者、拥有受害者心理的人等等。

在现实生活中，诸多亲密关系之所以容易出现裂痕，并且难以修复，其中一个重要的原因就在于关系双方的边界感是模糊的。很多人在社交中经常强调"我的事就是你的事，你的事也是我的事"，在这种糨糊文化的影响下，在相处过程中很容易发生强迫对方接受自己的价值观、不尊重对方意见和想法的行为，这都是在侵犯别人的边界。这种情况在父母与子女的相处中极为常见。比如一个勤奋节俭的母亲可能不接受她的女儿睡懒觉、乱花钱，可是她自己的女儿并不一定认同她母亲的价值观。两人的价值观不一样本身不会破坏关系，真正破坏关系的是一方刻意地贬低对方的价值观，输出自己的价值观。当我们面临价值观不一样的时候，如果能够做到求同

存异，彼此间分清楚交际的界限，守住该守的分寸，就能避免很多矛盾。

那么，何谓分寸感？

通俗地说，分寸感就是人与人之间要把握适当的距离，对他人不同的认知进行尊重。在守好自己边界的同时，也要不去逾越他人的边界。

在一个聚会上，张俐认识了两位朋友：一位是热情十足的姑娘，与她在一起，你根本不用担心找不到话题，她一个接一个地抛出问题，你只需回答她的问题，便可以撑满全场。平时见面，她拉着你会一直聊天。而另一位姑娘则相反，她个性文静，属于慢热的一类，跟她在一起，需要你先打开话题，虽然相互认识，但话却不多，平时见面也只是寒暄两句。

遗憾的是，几年后的今天，只有其中一个成了张俐的好朋友，而另一个则早从张俐的生活中消失了。对此，很多人都觉得应该是那位热情十足的姑娘成了张俐的好朋友。而事实却是，那位寡言少语的女孩则成了她最好的朋友之一。自那次聚会相聊甚欢后不久，张俐就跟那位热情的姑娘约了一次饭。那一次，她问了张俐许多问题，比如在哪里工作？平时都做些什么？晚上无聊的时候会做些什么？这些问题是平日里寒暄的标配，自然张俐也是毫无保留地认真回答。但后来，她便开始了"窥探隐私式"的聊天，问张俐的父母是做什么的？月收入多少？找工作时有没有托关系……这种有失分寸的行为，自然让张俐极为反感。结果，一顿饭下来，被她这么一问，搞得张俐十分尴尬。自此之后，张俐便与她的往来越来越少，直到最后，各自完全淡出彼此的圈子。相反，张俐跟那位慢热型的朋友一开始只是朋友圈上偶尔的点赞、评论，半年后才开始互相私聊，谈一些工作、家庭之类的话题，直到一年后才开始交心，渐渐成为好朋友。

要说为什么会产生这样截然相反的结果？最好的答案是那位热情的姑娘在交际中丧失了分寸感，而那位文静的姑娘则守住了朋友之间该有的距离和界限，那种恰到好处的分寸感为她赢得了友谊。就如三毛所说：朋友再亲密，分寸不可差失，自以为熟，结果反生隔离。

一段长久的友情，必然少不了"懂分寸"三个字保驾护航，我们可以为人热情，但不能过于热情，只有恰如其分地站在合适的位置，才能更好地尊重别人，更妥善地安顿互相的情谊。

在中国历史上，也出过诸多因为失去了该有的分寸感，而让自己丧失大好前程，乃至丢掉性命的人。比如汉时的韩信，在刘邦追赶项羽的途中，韩信停军不走。刘邦问萧何是什么原因，萧何说韩信要讨封。刘邦立马就封韩信为"三齐王""五不死"，即与天王、地王、君王同齐，见天不死、见地不死、见君不死、没有能捆他的绳、没有能杀他的刀。后韩信才起兵继续追赶项羽，围攻楚军，迫使项羽自刎乌江。而这种失分寸的行为也使得刘邦在夺得天下后，设计将他杀害；三国时期的杨修，有着满腹才华，但却恃才傲物，几次三番地去触碰曹操的心理底线，结果被杀害……可以说，心怀界限感和分寸感，不仅体现出一个人的高情商，更体现出的是个人的修养。

一个有界限感和分寸感的人，说话得体，举止有度，时时能顾及他人的感受，这样的人一定会因为受到大家的喜欢而收获好人缘，无论是交友、婚姻也好，事业也罢，一定会走得更为顺畅与和谐。

再亲密的关系，也要有界限感和分寸感

戴薇和玛丽是一对好闺蜜，玛丽很讨厌戴薇的男朋友，一直会对她说："你男朋友真的不怎么样，你不能跟他在一起。"起初，戴薇因为玛丽打着"为自己好的"的口号，索性没将这话放在心上。但后来有很多次，玛丽竟然开始插手戴薇与其男友的私事了，对他们之间的小事开始不断地指手画脚，这让戴薇的男友极为反感，而且让戴薇也感到极为不适……

实际上，生活中像玛丽这样的人有很多，他们总是打着"为你好"的旗号，对周围亲近的人指手画脚，给对方带来极度的不适感，从而导致两者关系的疏远，甚至让人烦不胜烦，心生厌恶。

小倩是刘薇相识多年的朋友，而如今她们的距离则是越来越远，尤其在生活上几乎没有交集。她们的矛盾源于刘薇刚毕业的那年。那一年，刘薇参加了工作，在外面租了房子。不久后，小倩也到了刘薇所在的城市。小倩刚开始因为找工作没地方可以落脚，也因为经济方面的原因，便暂时借住在刘薇那里。

但令刘薇没想到的是，小倩就是一个边界感模糊，甚至有些"过于主动"的人。刘薇买的零食，小倩全都拆开吃一半，然后随意地丢在箱子里；刘薇买的衣服，小倩也常常穿在身上，脏了后再还给她；刘薇的个人物品，小倩趁她不在家的时候，也要打开研究一番。甚至，小倩还会偷偷地解开她的手机密码，偷看其手机里面的一些内容。

在这种"过度侵犯我的生活"的状态下，刘薇最终无法忍受，

并旁敲侧击地请小倩离开。

也就是从那之后，小倩再也没有主动找过刘薇，而刘薇也再没有跟她聊过天。

其实，在现实中，无论是泛泛之交，还是亲人或好友，交往都需要界限感，彼此应保留适当的距离和空间。正如周国平所说："一切交往都有不可超越的最后界限，这两人之间，这界限是不清晰的，然而又是确定的，一切麻烦和冲突都起于无意中想突破这界限。"所以，在交际中，最舒服的关系，就是一方懂得退让出一定的空间，而另一方则懂得守住分寸与自觉。与人相处有分寸且懂界限感的人，大都懂得尊重他人，他们知道，世界上的每个人都是独一无二的个体，都拥有自己的特质。而每一个具有自身特质的个体都是一个与众不同的自我。每个灵魂有区别与其他灵魂的界限。所以，在与人相处或交往时，他们能时刻清楚地界定自我界限并同时认清他人的界限，这也是判断一个人心理是否健康的重要标志与前提。

从心理学角度出发，人与人之间的亲密感，极大程度上是用于弥补童年中对爱的匮乏，他们需要体验极致的爱与关注。但是健康和令人舒服的人际关系，是需要距离感和疏离感的。无论是亲情，还是爱情，都需要一种"我爱你，但我们彼此独立，不应强求我成为你或按你的要求来。我们关系亲密，但利益诉求不同，请不要以爱之名，绑架我对你的情感"的健康关系。可在生活中，我们经常会听到类似于这样的抱怨：

"我父母自小对我的管教就十分严格，每天几点钟学习、几点钟睡觉，甚至在学校跟什么样的同学交往，都被他们管得死死的……我知道，他们对我寄予了极高的期望，希望我能够成才，但这种死寂一般的人生压得我喘不过气来。所以，自小我唯一的期望就是想着赶快长大，脱离他们的掌控……后来，考上了大学，我终于获得了解脱。毕业后，他们在老家帮我安排了不错的工作，但我却再也不愿意回去。因为在父母身边的日子太过压抑了，如果后半生要在那样的环境中我可能会生不如死，我宁愿一个人在外辛苦打拼，这样至少心灵是自由的！"

"我老婆是个控制欲极强的女人，手机经常被她翻看，我单位上的同事，她都试图去打听。连我办几张信用卡，她都要一一核实。每个月到手的工资，必须一分不少地交给她……最近，连我出去和谁应酬，她都要追根问底……这种日子真不知道自己还能坚持多久！"

"我的上司是个有着极强控制欲者，总是自以为是，所有的事情都必须按照她的安排来，下面的员工只要提出不同意见或建议，就会遭到她的否定甚至批评。比如一个文案稍微偏离了她的思路，便会被否定，被要求重新写，而且必须严丝合缝地依照她的想法去执行……当下的自己仿佛变成了一个只能无条件执行她命令的'机器人'！"

……

每个个体都是独立的，都有属于自己的"禁区"，哪怕是再亲密的关系，如果侵扰到这个"禁区"，带给人的就是压抑。久而久之，再亲密的关系，也会生出裂痕来。

邦达列夫说："人类一切痛苦的根源，都源于缺乏边界感。"所以，生活中，再亲密的关系，也要守住彼此间的界限，不要随意越界，否则很多极不容易建立起来的亲密关系便会轰然坍塌。美国人类学家爱德华·霍尔博士认为，人与人的关系有四种距离，由疏到近分别是公共距离、社交距离、个人距离和亲密距离。那些惹人厌烦的人，并非什么卑劣之徒。只不过是不注重人际间的分寸，触及了他人的边界。

纳兰容若道，人生若只如初见。而界限感，就是尊重那条底线，不越界，不逾矩，守住人与人之间那份难得的、最初的温柔。

边界效应：不轻易打破别人的心理安全防线

心理学上有一个"边界效应"，由西方心理学家德克·德·琼治提出，具体指人们喜爱逗留在区域的边缘，而区域开敞的中间地带是最后的选择。这里的"区域的边缘"象征两个地方的交接处，人作为个体处于中间距离，与两个地方不远也不近，这能极好地反映人对交往距离的要求，那就是追求安全。

从心理角度出发，人类极容易对异质类的东西感兴趣，而对于同质类的东西则容易产生厌倦和腻烦。比如在一个广场上，人们往往更愿意待在广场边缘的地带，人的活动也多集中于场地的边缘。这也是为何在公园的设计中，设计者往往将休息区设立在场地的边界位置。对此，德克·德·琼治认为，身处边界区域既能看清周围的一切，又可以较少地暴露自己。

美国心理学家马斯洛认为，安全是人类的基本需要。人们在公众场合时，尽量减少与他人的接触，意味着减少发生冲突的可能，满足了与他人保持距离的安全感需求。比如在地铁里面，大家都倾向于靠边的位置，因为靠边比坐在两人中间少了与一个人的肢体接触，让人觉得自在、安全一些。开会时靠边坐，远离主位上的领导，可以弱化内心被监督的感觉，减少被点名提问的可能性。而喜欢靠门坐的人，潜意识中多半有逃离会场的想法。在餐厅吃饭找角落，一方面不用担心谈话被人听到，保护隐私；另一方面能够观察周围人的一些举动，也让人感受到安全和踏实。这也进一步说明，每个人在与他人接触的时候，都是需要一定的空间，彼此间都需要保持一定的距离。两者之间因为亲密程度不同，合适的相处距离也不同。在乘电梯的时候，人们更愿意将头抬起来，远离彼此之间的视线，这是因为人们之间并不熟悉，却处在一个相对亲密的距离里，因此会感受到个人的安全受到威胁。这时便会通过抬头扩大视野，来缓解内心的压抑感。由此可见，在与人交际时，对安全感的追求是每个人的心理诉求。这就是界限感与分寸感在社交中至关重要的原因。

小徐是一家私营公司的得力干将，业务能力很强，深受领导的器重。可突然有一天，他向领导递交了辞职信。当时的公司正处于飞速发展阶段，老板很舍不得他离开。于是，便问他："你做得这么好，为何要辞职呢？"

小徐说："因为我的女友要离开这座城市，虽然我也不舍得离开这里，但我最终还是决定跟她一起走。"

然而，这位老板却劝他说："那就分手呗，对男人来说，事业可比爱情重要。你留下来前途无量啊，为了一个女人放弃事业，将来一定会后悔的！"

小徐顿时无言以对。

很显然，这位老板就越界了，他的话语也显然失了分寸。他未曾意识到分手与否是别人的私事，跟公司毫无关系，在一定程度上侵犯了他人的心理安全边界，难免会让人陷入恐慌，陷入极为尴尬的局面。

其实，在与人交往时，我们也曾经遇到过类似的问题。假如你在一个集体活动中认识了一位新朋友。刚开始的时候，大家都极有礼貌，相互介绍自己的公司、职业，并且还互换名片，相聊甚欢。这时如果对方突然问你：你一个月挣多少钱啊？这个时候，你就不想搭理他了，因为他越界了，打破了你的心理安全防线，会使你处于不安甚至恐慌的状态。

一个人赚多少钱，这是个人的隐私。隐私的所有权属于自己，别人不应该主动询问，否则就是在打破你的心理安全防线，置人于尴尬的境地。

有些时候，你可能也会遇到这样的情况。朋友在微信上问你一些问题，你正好不忙，他的问题也比较简单，于是你就顺手回答了。

但有的时候你特别忙，你就没有及时地回复他。他立刻打电话找你说："我看你没回，我就打个电话问问你。"这个时候你如果说："我现在不方便接电话，有什么问题你先微信留言，我方便的时候再回你。"于是便挂掉了电话。

这本来是极为正常的事情，但对方却很容易恼羞成怒地斥责你："你太不把我当朋友了！我一直认为你是特别好的人，看来是我看错人了。"

别人的时间，所有权属于谁？当然属于他自己。所以其他人并没有权利占用。而你一旦要占用别人的时间，就要经过对方的同意。而强行占用，就属于越界，是在打破别人的心理安全防线。

作家毕淑敏说："和父母亲密无间，倾听而不唯命是从；和所爱的人唇齿相依，紧密而不混淆；和孩子亦师亦友，慈爱而不包办；对朋友相知而不逾界；对上司尊敬而不谄媚；对同事协同而不越俎代庖；对下属谦逊而不居高临下；对大自然敬畏而不傲慢。"这就是不越界，懂分寸，是每个人都应遵循的交际法则。

时刻要提防踏入"交际禁区"

边界效应告诫我们，交际中时刻保持人与人之间的界限与分寸，而首先要做的就是提防自己踏入交际的禁区。那么，在交际中，面对不同的场合，不同的关系，不同的情境，心理禁区的标准是如何用空间距离去衡量的呢？

美国著名人类学家爱德华·霍尔博士给出了答案。他认为，心理禁区的范围是要根据交往双方的人际关系与他们当时所处的情境来划分的。对此，他根据交往双方的不同关系划分出了四种心理禁区的范围标准，在交际的过程中，人们可以通过判断与对方的关系来把握合适的交际距离。

第一种是亲密距离。其近距离范围在 0～0.15 米之间，是人际交往中的最小距离，也叫作零距离。在此距离间人们相互之间可以肌肤接触，耳鬓厮磨，可以感受到对方的体温、气味以及气息等。最亲密的人之间可在此范围内交往，主要指夫妻间、子女间，或者是同性间最贴心的朋友为表达亲密友好而出现的一些身体上的接触。除此之外的其他人如若在此距离范围内与对方交往，就表明其已闯入了他人的心理"禁区"之中。

大多数人是不能接受被一个不是自己最亲密的人或陌生人拥抱的交际行为的，关于此，看看职场网友是怎么说的。

职员史诗说："在任何一个场所，我是无论如何也不会接受一个普通朋友的拥抱的，这会让我产生莫名的压抑感，会使我立刻紧张起来，也会引起一些不必要的误会。"

职员贺马说："我觉得与普通朋友或陌生人交往就要拥抱，不仅起不到与人沟通的作用，还会起到相反的作用。如果在社交场合，突然有个陌生人拥抱我，说不定我会与那个人打起来。原因很简单，要想表达关爱还是用语言沟通更合适。不然，很多人都是不会接受这种交往行为的。"

玛丽说："陌生人的拥抱？不，我是不会接受的。同样，我也不会主动去拥抱一个陌生人。那样会让人觉得莫名其妙，我觉得不论是以什么理由来进行这种行为都是不可理解的？"

由此可知，在任何一个场所，多数人是不会接受被一个陌生人拥抱的行为的。任何人对事物的接受都需要一个过程，夫妻间、子女间，或者是贴心的朋友间的关系也是经过彼此长时间一点一滴的接受才形成的，任何人是不会在突然一瞬间就能将一个普通的熟人或陌生人纳入到亲密距离之中的，哪怕是对对方一见钟情。

在 0.15~0.44 米间的距离被称为亲密距离的远距离。在此距离内，人们可以通过挽臂执手或者促膝来表达其友好的关系，主要指亲密的好友间的交往距离。这个距离圈称为亲密好友距离圈。

关于此，且看一个著名的心理学家的实验：

在一个大大的阅览室内，当里面只有一位读者的时候，心理学家就会像平常人那样轻轻地坐在那位读者的身旁。试验整整地进行了 100 次，结果证明，竟然没有一个读者能够忍受一个陌生人紧挨着自己坐下来。当心理学家坐在他们身边后，许多被试者就会默默地移到别的地方坐下来，同时还会有人直接地问："你想干什么？"

通过上述试验表明：在好友距离圈内，也就是说，在小于 0.44 米的距离内，除了上述这些亲密的人外，其他人在没经过对方允许的情况下随意地闯入这个"禁区"中，无论其目的是怎样的，都是十分不礼貌的行为，也必然会引起对方的反感与彼此的尴尬，会自讨没趣。

第二种是个人距离。其近距离范围在 0.46~0.76 米间。在此距离范围内，人们相互间直接的身体接触不多，以熟人之间能够相互握手及友好交谈为宜。对比熟人关系更为疏远一些的交往对象来说，0.76 米就是交往"禁区"的防线，一旦越过此防线，就会构成对他人的侵犯。

个人距离的远距离范围在 0.76~1.22 米间。你的朋友与熟人都可以自由地在该距离圈内与你交往，但是一般情况下，与自己关系比较融洽的熟人谈话时，距离则更靠近 0.76 米一端，而与陌生人之间交往时则更靠近 1.22 米一端。

第三种是社交距离。其交往距离为 1.2~2.1 米间。与个人距离相比较，它相对远了一步。社交上或礼节上的比较正式的关系，人们在工作场所与社交聚会上都保持这种空间距离。如果太近，就会越入交往禁区，使人产生心理不适感，太远则是一种不礼貌的行为。

经理人波利讲述了他在会议中遇到的一次尴尬事件：

"一次去客户那里谈一个新开发的项目，会议是在一家宾馆会议室里举行的。由于此项目需要讨论的事情很多，负责此项目的中高层领导 10 余人都围在宾馆会议室里一个只能容纳 6 人的会议桌上进行。所以大家刚坐在一起，就都将椅子不停地向后挪，最后，那些会议记录人员只能将记录簿放在膝盖上工作……"

可以看出，在不同的情境与人际关系下，人们是需要调整不同的人际距离的，倘若距离与情境、关系太近的话，就会使人出现明显的心理不适感。

外贸经理人罗浩同样也遇到过此类的事情。有一次，主办人在安排外交会谈座位的时候发生了一些细小的疏忽，就是在两个并列的单人沙发中间未摆放茶几。结果，坐在那个位置上的两位客人一直都尽可能靠在沙发的外侧扶手上，而且身体也不自在地往后仰……

由此可以看出，这种社交距离的范围在2.1~3.7米间，这是一种更为正式的交往关系，是社交距离的远距离范围。在公司中，经理人一般都使用一种大而宽的办公桌，并在离桌子间隔一段距离的地方摆放来访者的座位，这样可以与来访者在谈话的时候保持一定的距离。

同时，爱德华·霍尔博士也指出，在企业领导人之间进行谈判或是在工作招聘面试的时候，在教授与学生进行论文答辩等时候，也要保持这样的距离，这种距离范围体现的是一种庄重的气氛，是得体与正式的一种交际体现。

第四种是公众距离。其近距离范围一般在3.7~7.6米之间，其最远距离范围在30米以外。其近距离范围是在公开演说者与听众间需要保持的距离，而远距离则基本上能够容纳所有人的"门户开放"空间。在此空间内，人们相互间是可以不发生任何联系的。在这个距离间，陌生人可以来去自如。

对四种社交距离的分析可知，交往双方不同的关系，不同的场合要选择适当的交往距离，如若一不小心踏入交往禁区中，就会给对方造成一定的心理不适感、厌恶感或排斥感。了解了职场交往中人们所需的自我空间及适当的交往距离，就可以使自己有意识地避免自己踏入交往禁区中，从而更好地进行交际。

当然，我们上述所说的交往距离并非固定不变的，在一定的情况下，它也是具有一定伸缩性的，其主要依赖于具体的情境与交谈双方之间的关系、性格特征、社会地位、心境以及文化背景等。在职场中，职场人士与外商进行交往、谈判时，有时候会因为两国的文化背景不同，接触的距离与上述几种是不同的。

缺乏界限感者，大都源于"自我"意识的模糊

在现实交际活动中，我们经常会遇到类似这样的情况：父母以"爱"的名义对子女肆无忌惮地行使行为或精神上的控制；亲密的爱人打着"关心"的旗帜，对另一半进行约束和管制；有一种人觉得跟你很熟，熟到可以随便拿你的东西，以及他们会认为你的就是他的，如果你拒绝了他们的请求，他们便会觉得你不够大度，然后站在道德的制高点上对你进行无尽的数落。还有一种人，以自己"毒舌"为由，以你的失败为乐趣，批判和评判着你的生活……这些人都有一个共同的特点，那就是对人际关系的界定不够清楚，做事没有分寸感。

从心理学的角度分析，一个缺乏界限感，不懂得交际分寸的人，多与其原生家庭有关。其在成长过程中，没能与自己的抚育者（大都指妈妈）进行分离，致使未能形成独立的"自我意识"。而"自我意识"糊模者，对自我与他人的边界缺乏清晰的认知，很容易在社交或亲密关系中做出有失分寸的行为。

玛格丽特·马勒是匈牙利精神分析学家，在他看来，人自出生以来，心理发展分为以下几个阶段。

第一阶段：1 个月前的自闭期；满 1 个月到 6 个月时的共生期；

第二阶段：6 个月到 3 岁时的分离期；

第三阶段：3 岁到 5 岁的竞争与合作期。

马勒认为，个人心理发展的每一个阶段都有一定的任务、挑战及冒险性。如在发展阶段受创伤或在发展过程中某些任务未能完

成，可能进而导致严重的心理障碍。发展障碍几乎不可避免会牵涉孩子与父母或父母代替者之间的关系。也意味着，我们成年后的很多心理问题，都可以在人生不同的心理发展阶段去寻求答案。下面我们来了解个人心理发展每个阶段的具体表现。

第一阶段：马勒认为孩子在刚出生1个月内是正常自闭期，大部分时间在睡觉，只沉浸在自己的简单世界里，需要妈妈的抚摸和照顾。这个时期属于一元关系，即孩子一个人只看到自己的意志，只感受到自己的感受，这也意味着，他们的"自我意识"处于混沌期。这个阶段的孩子希望别人都来配合他的意志，在人际关系中，只能是他说了算。

满1个月到6个月时的时候孩子与妈妈是处于共生状态的，因为刚刚出生的婴儿需要抚育者无微不至的照顾和关注，那个阶段的他们，尤其是孩子会觉得"我就是妈妈，妈妈就是我，我和妈妈的身体和心理是一体的"，这样的共生是必须的。这个阶段，母亲也会产生"共生"心理，即母亲将孩子视为了"我"的一部分。即母亲看到孩子，觉得自己是存在的，是有价值的，如果看不到孩子，就找不到存在感了，找不到自己的价值了。这个阶段母亲要给予孩子充足的爱和关注，以满足他们共生阶段的各种需求。当孩子知道自己是被爱的，就为接下来的分离打好了基础。如果妈妈总是不能及时满足宝宝，那么这种不被满足的恐惧感会进入他的潜意识中，长大以后可能会过于依赖恋人，以填补其未被满足的需求或爱，或者他们根本不敢进入亲密关系。同时，这也会阻碍其成长的下一个阶段中"自我意识"的形成。

当孩子在6个月到3岁的阶段，是个体进行分离的时期。在这一阶段，孩童会产生一种要和母亲分开的精神内在意识，他们开始逐渐地产生"我是谁"的觉察。在这一个阶段，孩子已经意识到自己跟妈妈是两个独立的个体，但是还不想放弃对妈妈的控制权。比如生活中，我们经常会看到两岁左右的孩子，躺在地上东翻西滚，哭着要妈妈抱。妈妈刚开始不搭理他，但是看他哭得上气不接下气的样子，还是忍不住抱起了他。这其实就是孩子跟妈妈的博弈过程，虽然他知道妈妈不会什么事情都满足他，但是他还是想通过各种手段和方法来控制妈妈。

也就是在一次又一次的拉锯战中，孩子会意识到"我与妈妈共存"，进入二元关系阶段。二元关系，即指一个人意识到，另一个人是和自己一样独立存在的，彼此都有自己的感受和意志。他能共情对方的感受，也能尊重对方的意志。在这个阶段，很多妈妈会感觉到孩子越长大越不听话，就是因为孩子在不断地试探妈妈，当妈妈在一定的原则和底线之下满足孩子的需求，孩子的安全感才不会瓦解。

当然，这个阶段是个人"自我意识"形成的关键时刻，是最考验妈妈育儿智慧的时候。因为孩子内在心理方向尚未孵化完成，这时妈妈如果过早地将他们"遗弃"或不再继续供给他们足够的爱和关注，让他们自行设法去成长，则孩子很可能发现自己很难抛弃他们那种共生性的护持行为。当然，这时候妈妈给孩子的爱与关注，是讲究原则的。即要在孩子需要的时候充分地给予，比如当孩子摔倒、哭泣时，要给予他们心理上的抚慰；在孩子需要妈妈扶着行走时，妈妈要给予充分的支持等等。同时，在孩子自行摸索着追求独立期间，也不要以爱的名义去干扰或打断他们探索性地走向独立。另外，在这个阶段，如果妈妈过分地溺爱孩子，过度地满足孩子的需求，则也会阻碍其走向独立，限制其"自我意识"的形成。

一位名叫马克的男孩，在6个月到3岁的成长期间，母亲因为无法平衡地给予支持和爱，只能对他的成长袖手旁观，结果使马克的心理状态始终停留在共生阶段。因为后天疏于理会自己的心理问题，致使他在成年后与伴侣分手时，经常出现痛苦不堪的状态，产生过数次轻生的想法。

很显然，马克在人际关系中缺乏界限感与分寸感，是因为他先天"缺爱"导致的，他的心理年龄只停留在共生阶段，即"妈妈与我是一体的"，他也未能形成独立的"自我意识"。即便在他成年后，他的心理年龄仍旧停留在这一阶段，在他看来，伴侣与自己是一体的，而非两个成熟的独立个体，所以就导致了分手后痛苦不堪的状态。

总之，在孩子 3 周岁之前，应该建立"心里住着一个爱的人，同时形成自己的个性"的心理状态，为孩子进入三元关系打下基础。

另外，在这个阶段，也是考验妈妈心理健康的关键时期。在孩子逐渐走向独立的过程中，妈妈一定要做好与孩子从共生到各自独立的心理转变的准备。有些妈妈在这个阶段无法接受孩子的索求，所以不能给予他们足够的爱与关注，致使孩子在成年后出现心理问题。还有一些妈妈无法面对与孩子逐渐分离，即孩子愈来愈独立的事实。由于他们本身的共生与寄生需求而产生的焦虑，有些母亲仍就近守候并随时跟着孩子，这样的亲近或会驱使孩子更努力或具有抗争性地争取自己的独立。这也意味着，此时妈妈的心理还处于与孩子的共生期，即便在孩子成年后离开自己，仍无法接受心灵的空虚。

以上两个阶段，都发生在孩子 3 岁前，这期间因为妈妈是主要的养育人，所以一元关系和二元关系都是以孩子和妈妈的关系为主。而孩子到 3 岁以后，爸爸便开始逐渐地进入孩子的世界。所以，3 岁到 5 岁期间，孩子的心理成长期就进入了三元关系，具体指的是一个人能意识到关系的复杂之处。在复杂的关系中，他能同时看到我、你和他三个人的感受和意志，并尊重这个复杂的三元关系中的竞争与合作。

在这个心理发展阶段，当孩子逐渐地发现他处于"我、你（妈妈）、他（爸爸）"的三元关系中时，会出现偏颇的情绪，但是父母是生养他的人，他又不能只有恨。所以孩子会逐渐调整跟父母的关系，恨中有爱，爱中有恨，这样就形成了竞争与合作的复杂的关系，然后逐渐延伸到跟外部世界的关系中。这个时期是孩子心理发展的敏感期，身为父母就需要更加尊重孩子的个体意识，将他们当成一个独立的人去尊重、去付出真挚的爱，同时也要给孩子立规矩，让孩子既能获得父母全然的爱，又懂得遵守规则。

在这个阶段，父母具体做的就是要给予他们真挚的爱，尽力地去接纳他们，给予他们独立个体应有的尊重，让孩子明白，这个世界除了他们，还有其他人，而且这些人都是充满善意的。

在这个阶段的成长过程中，有的父母为了教育孩子听话，会采取关禁闭或将孩子锁在门外的方式以惩罚他们，这种方式是极为不可取的。怀特是一位教育工作者，他经常与朋友谈及他上幼儿园时的一段经历：因为调皮捣蛋被爸爸关到门外，情绪特别崩溃，有被遗弃的无助，还有怎么哭喊都没有回应的惊慌。那种感觉他记得特别清楚，以至于后来再被丢出门外，他已经完全麻木了，再也无法建立起跟父母之间的信任关系。这个时期，教育孩子是没错的，给孩子立规矩也没问题，但是一定要注意方式和方法，切勿用极为粗暴的方式去打破孩子建立起的健康、积极的三元关系，以使他们在未来能更好地去应对人生中的多元关系。

曼彻斯特大学心理学教授埃德·特洛尼克，曾经做过一个非常有名的静止脸实验，他让妈妈先和孩子进行各种互动，孩子玩得非常开心，积极响应。

然后让妈妈换成没有任何表情的脸，孩子发现不对劲后，想要引起妈妈注意，但是无论孩子怎么做，妈妈始终面无表情，一点都不回应孩子，最后孩子崩溃大哭起来。

想一下，这个实验中的妈妈只是冷漠地不回应孩子，孩子都会伤心绝望，那么为了惩罚孩子而以粗暴的方式去对待他们，对他们造成的心灵伤害则更加难以预估。

了解孩子每个阶段的心理成长，对我们分析具体的心理创伤之根源并采取有效的方法去治愈创伤有着极为重要的作用。同时也警示所有的父母，不要觉得小孩子是没有记忆的，然后便随意地对待他们，给他们心灵留下创伤。马勒的幼儿心理发展分析告诫我们，父母在孩子6个月之前，一定要竭尽全力去满足孩子的需要，会让孩子产生"我是被爱的"幸福感，在6个月到3周岁时期，才会帮助孩子逐渐建立"我是我，你是你"的独立意识。而在孩子3到6周岁这三年里，父母跟孩子之间的三元关系，会让孩子明白世界是多元的，我需要做好自己，也要尊重并接纳别人的存在。如果能让孩子顺利地从一个阶段过渡到另一个阶段，最终发展成为一个心智成熟的个体，那么，其一生都会被童年治愈。长大后，他们会充满爱心，个性和缓，而且与人交往中会形成极为清晰的界限感和分寸感，人生会过得顺利许多。所以，身为父母，与过于关注孩子的成绩相比，给他们营造一个健康的心理成长空间要重要得多。

肆意约束别人自由，源于界限感的模糊

在生活中，常见有这样打着"爱"的旗号去肆意干涉或约束别人自由的行为：孩子自小便被父母宠着长大，可突然他要离开父母到远方去求学或工作，父母内心顿时充满了不舍与空虚，觉得痛苦

不已；情侣在一起经历了爱情的甜蜜期后，觉得两人在一起并不合适，于是两人分开。这时，一方觉得痛苦不堪，觉得生活中少了对方自己根本活不下去，于是便开始对另一方进行纠缠，最终将双方都折磨得疲惫不堪……从心理学的角度来说，这其实就是缺乏界限感的重要表现，具体是指在一段亲密关系中，觉得自己的生命少了对方便会陷入恐慌无助的痛苦状态，甚至会觉得自己活不下去。而健康的亲密关系，会将另一方看成是独立的个体予以尊重。比如在亲子关系中，父母觉得孩子离家便难过，是因为父母将孩子视为了"我"的一部分，他们看到孩子，便觉得自己是存在的。而如果看不到孩子，就感受不到"我"的存在了。而健康的亲子关系，一定在心理上是有界限感的，父母有比较清晰的自我存在感，他们不会过于害怕孩子走向独立，相反还会鼓励孩子去独立，去创造和体验属于他们的人生。正如心理学家武志红所说："缺乏界限感的亲子关系，父母普遍缺乏自我存在感，他们根本不知道自己是谁。那么，当孩子离开自己时，就会有极为严重的恐惧感，甚至会觉得自己生不如死。所以，这种严重缺乏自我存在感的父母，会想办法阻挠孩子走向独立，他们不想与孩子有任何的界限，他们在追求一种幻觉：孩子就是我的一部分，我就是孩子的一部分。"实际上，在婚姻或爱情中，健康的亲密关系也是如此。一段健康的夫妻关系中，丈夫爱妻子，妻子也爱丈夫，就不会去控制对方，一方不会去干涉另一方作为独立个体的自由，更不会把另一方当成自己的附属品。与此同时，一方也不会过分地依赖另一方，虽然他们都需要对方的关心和呵护，但却都有自己独立的人格。这样的爱，都会给对方以独立的空间，不会让对方感到压抑和窒息。正如作家 M. 斯科特·派克在其著作中所说："夫妻之间的爱，不是树与树之间的缠绕，而是彼此间的独立，心心相印。这样的爱能不断地拓展双方的自我界限，让彼此的心灵都获得成长。相反，如果一方把自己的'自我'依附于另一方，或者一方极力地去控制另一方，这就不是爱，而是会制造出恶。在现实生活中，许多的夫妻常常打着爱的旗帜，不给对方以丝毫的空间，他们把彼此的'自我'相互重叠，让对方生活在自己的阴影中，让对方感到压抑和窒息。实际上，这些夫妻之间没有真正的爱，更多的是操纵和控制，他们的关系是一种压制和被压制，奴役和被奴役的关系。"

有一个男孩和女孩在一起六年了，女孩一直以为他们可以相爱到天长地久。可是，就在她为他们的感情而憧憬幸福时，男孩却向女孩提出了分手。一时间，女孩觉得她的天塌了，她崩溃了。她跑到男孩的单位质问男孩为什么，男孩只是简单地说不爱了，说他们彼此在一起太累了。

女孩很是伤心，每天都以泪洗面，她还是不愿相信两个人的感情就这样没了。于是，经常给男孩打电话，诉说对他的思念之情，男孩很烦，但是女孩依然不放弃。

后来，男孩似乎很快就开始了一段新的感情，并没有把女孩的悲伤放在心上，女孩很是伤心，到男孩的单位大叫大骂，最终男孩因为忍受不了女孩的过分纠缠，一气之下就将女孩从11层楼上推了下去。

对于女孩来说，她的"自我"意识极低。在她眼里，六年的相处中，她没能与男孩保持一种界限感，或者说过度的依赖性让男孩演化成了"自我"或者"自我"的一部分。而当两人分开的时候，女孩便觉得一个完整的"自我"被撕开了一般，产生了深深的恐惧感。尤其是看到男孩和另一个女孩在一起时，她顿时会觉得"自我"的一部分被另一个人侵占了，于是便滋生了愤怒、不甘。接下来，便开始过度地纠缠男孩，最终酿成悲剧。所以，在亲密关系中，能够始终保持自我意识的独立就显得极为重要。

总之，爱是一种关心、尊重和深深的理解，而不是控制与约束，是为了成就更好的自我，也是为了让对方的生命得以更好地拓展，而不是去控制。同时，如果父母的控制使孩子在成长的过程中无法形成完整的自我界限感，孩子长大后也会去控制别人，进一步导致"自我"的沦丧。

情感勒索：缺乏界限感的爱，只会让人窒息

有一位重点大学的高才生发表万言书，说自己已经快十年没有回家过春节了，原因是他的父母自小就对他进行过度的控制，甚至连穿衣服、结识新朋友都不能自己做主。他自己曾经也反抗过，但父母却说："都是为了你好。"

实际上，这位高才生的父母对他进行的控制行为就是情感勒索。所谓的情感勒索，简单来说，就是周围的人用感情牌套住你，进而达到自己的目的。

在现实生活中，情感勒索者常用的语言是：

你知不知道，我这辈子都是为了你才不离婚的，你怎么能对我不好；

人家孩子都好几个了，你还不结婚是不是想逼死我们？

因为你我才来到这个城市的，你怎么能离开我？

我为你付出了那么多心血，你怎么能不好好学习？

你不给我买这套新衣服，我就和你分手！

……

情感勒索者不仅发生在父母与子女之间，还可能来自亲戚、朋友、恋人、上司甚至同事。而且这种以爱为名的游戏，越是亲近的人，越是有效果。而且你若妥协，对方也会得寸进尺。这也是缺乏界限感的典型行为。他们打着"爱"的旗号，让他人妥协以满足自己精神或物质方面的需求，而完全不顾及对方的感受。从心理层面上说，这是"自我"意识的模糊，他们忽视了每个个体的"独立"属性，忽视了他人作为"独立"属性的自我感觉、喜好。

一个八岁的小男孩，和离异的妈妈一起生活了很多年。日子虽然过得紧巴巴，但是无私的母爱却让他的童年生活充满了快乐。

一天，他放学回家，看到一位陌生男子——那是别人给妈妈介绍的对象。男孩看到他，扭头就往外跑。从此之后，他就变得郁郁寡欢，有时候甚至还为此事与妈妈大吵大闹，说："你是我的妈妈，你的世界里只能有我，你爱别人不能超过爱我。"

妈妈语重心长地告诉他："我是你的妈妈，但我也是我自己的啊。"

对于上述事例中，男孩将妈妈视为了"自我"的一部分，即母亲只能与自己建立亲密关系，而不允许他人来剥夺这一部分"自我"。而事实上，健康的母子关系，男孩与母亲是有界限感的，即能将自我与"妈妈"分离开，将妈妈看成一个独立的个体，并且尊重她的个人意愿，并且鼓励她去找寻属于自己的快乐和幸福。

在现实生活中，我们的诸多不快乐，都源于缺乏界限感的爱。他们总是过分地执着于"我"：孩子说，这是"我的"老师，不允许他特别地欣赏别人，一定要欣赏我；朋友说，你是"我的"朋友，一定要对我够义气，讲信用；家长说，这是"我的"孩子，一定要听我的话；爱人说，你是"我的"男（女）人，你要一切都听命于我；你是"我的"老公（老婆），不允许任何一个异性去惦记；你是"我的"爱人，你一辈子只能对我好……我们的一切行为和思想，都是紧紧围绕满足"自我"需求而展开，于是也经常会以"我的"名义去要求你的朋友、亲人和爱人，甚至控制对方，那么嫉妒、仇恨、贪婪、背叛、吵闹、纠纷，乃至战争自然就开始了。

要知道，你身边的朋友、老师、父母也好，爱人也罢，他们在社会属性上只是与你有关联而已，而不真正地属于你。同时，在生物属性上，他们首先是属于他们自己的，你的各种强制性行为，会让人在失去"自我"的同时，对你产生排斥感。所以，要想获得和谐的人际关系，首先要在意识中丢掉"我的"执念，将你身边的每个人都看成是一个独立的个体，尊重他的一切行为和做法，在给对方充足空间的同时，也能赢得他人的尊重。

今年 35 岁的刘茵是个普通的女人，她的丈夫张俊是一家集团公司的总裁，拥有上千万资产，而且长相帅气，知识渊博，为人风趣幽默，再加上他事业越做越大，周围自然有很多女人围着他转。经常会有漂亮的女人给他发暧昧短信，甚至有女人直截了当向他表白。然而，刘茵却从来不害怕失去丈夫，反倒是丈夫张俊变得唯恐失去她，费尽心机地讨好她，这背后究竟有着怎样的故事呢？

大多数女人在丈夫长年不在家，又疏于跟她联系时，便会感到寂寞、孤独，而刘茵却是个精神独立的女人。她即便常年一个人在家，也会把自己的生活打理得有声有色。

她一个人在家时，就会安静地看书，有时会流连美味的餐厅，也会在路边咖啡厅静坐良久，看街上的人来人往。

刘茵有许多男性朋友，有企业家、社会名流、文化精英，她经常与这些男性朋友喝茶聊天。这增长了她的见识和智慧。她知道，这些男人有雅致，有情趣，有内涵，就像肥沃的土壤一般滋养着她。

另外，在闲暇时间，刘茵还经常一个人背着包去很远的地方旅游。她哪儿都想去，哪儿都敢去。人生地不熟，语言不通，都不怕，旅行大大增长了她的见识和智慧。

很多人曾问刘茵："你难道不害怕有一天你的男人会被别的女人抢走吗?"她答道："他从来就不是'我的'，他是他自己的。如果他永远能爱我，我当然会高兴，如果有一天，他真的要跟我离婚，我也应该高兴，因为我不会同一个不爱我的人生活在一起。"

一次，有一位漂亮的女人直接向刘茵发起了挑战，那是一个漂亮而时尚的女人：长腿、硕胸、蜂腰，皮肤是那种很健康、时尚的小麦色。她打电话给刘茵说："我爱上了你的丈夫。"别的女人听到这话可能会气得咬牙切齿，刘茵却笑着说："谢谢你欣赏我的男人。"当张俊回来时，刘茵却直奔上去，搂着他的脖子说："老公你太棒了，刚才有个女人打电话来说爱上你了。"她压根儿就没把这件事情当一回事儿。

几年过去了，刘茵和张俊结婚12年了，在这个婚姻无比脆弱的年代，他们依然恩爱如初。许多女人都羡慕刘茵，说她找到了一个好男人。而张茵则毫不谦虚地说，是张俊运气好，能娶到她这样的优秀女人。大多数女人结婚是为了找个男人来依附，使自己的人生更完整。而刘茵却说，婚姻的目标并不是找一个能令我完整的男人，而是找一个可以与他分享我的完整的男人。

故事中的张茵是智慧的，她的婚姻之所以能长久地维持和谐，最主要的原因是她从不认为老公是"我的"，将对方看成是一个独立的个体，用欣赏的眼光去看待对方，并且鼓励对方不断地拓展自己的生命触角。同时，她始终将自己看成一个独立体，而不是老公的附属物，在任何时候都能经营好自己，最终才获得了对方的尊重和爱恋。

事实上，任何一种社会关系，一旦我们觉得谁属于我们，就很容易失去对对方的尊重和礼貌。随之而来的反应就是去告诉他，他应该做些什么，应该如何去生活。更有甚者，他们会认为他就应该听从我的指挥。这样的关系，都不会持续得太过长久，因为没有谁喜欢被控制。所以，在人际交往或家庭中，与他人保持必要的界限感和分寸感，将他人看成一个独立的个体，懂得尊重他们的行为和选择，也是在放过自己。

多数的矛盾和冲突，都源于界限感不清

有界限感，做事讲究分寸的人，在人际交往中给人最直观的感觉就是让人感到舒服。在人际交往中，所谓的界限感，用通俗的话来说，就是能分清楚自己和他人，分清楚是自己的事儿还是别人的事儿，谁的事情谁说了算，谁为结果负责任。而在现实生活中，人与人之间的诸多矛盾、冲突皆是因为人与人之间纠缠混乱、界限感不清的关系带来的。

比如妈妈希望孩子必须听从和顺从自己，而孩子习惯于向妈妈敞开自己的界限，听从妈妈的意愿，母子正好形成"控制和顺从"这对搭配，从而导致两者矛盾重重、冲突不断。

在《欢乐颂》中，樊胜美被父母要求在经济上支援好吃懒做的哥哥，原生家庭成了掏空她财力的无底洞，这是经济上的界限不清；在工作中，因为同事情绪不佳，我们也会跟着心情失控。或者因为别人一句无心的话而让我们大动肝火……这是情绪上的界限不清。另外，还有一种类似的情况是，想要别人为自己的情绪负责

任，比如我们经常会埋怨自己的伴侣不能让自己开心幸福，或者对别人的不开心耿耿于怀，觉得是自己的错。或者我们会为了让父母或其他身边的人高兴，而强迫自己做一些不情愿的事情。这些都属于情绪上的界限不清。的确，我们都想让自己周围的人开心，也愿意为他们付出，但是判断你是否有界限感，取决于你是心甘情愿还是迫不得已，是感受到了付出的快乐，还是出于害怕某一种后果。

一个界限感清晰的人，其内在的"自我"是独立且完整的，他们在任何时候，无论是行事还是情绪上，都以"自我"意志为原则，根本不会受外界的任何影响。

有一位智者，在经过一个村庄时，村庄里突然跑出来一群人，强行让他留下来。这位智者说："谢谢你们过来找我，不过我已经与对面村庄的人约好了，他们现在正在等我，我现在必须赶过去。不过，等明天回来后我会有较为充裕的时间，到时候如果你们还有什么事情找我，再一起过来行吗？"

那群人见状，口中便出污言秽语。而智者则依然不动声色地向前赶路。其中一个人说："我们苦苦挽留，你却不应声。又将你贬得一无是处，你为何还是不动声色地我行我素呢？"

智者说："假如你要的是我的反应的话，那你来得有点太晚了，你应该在十年前就过来的，那时候我可能会对你们的话有所反应。然而，这十年来，我已经不会再被人控制，我已经不再是自我情绪的奴隶了，我是我自己的主人。我是根据自己的真实的内心在做事，而不会随便跟随别人去做出什么反应。"

上述智者就是一个"自我意识"强大的人，他有厚实的内在智慧做支撑，与外界和他人始终能保持清晰的"界限感"，哪怕是他人口出污言秽语，但在他心中，那是对方的事，跟自己毫无关系，根本伤害不到自己，依然我行我素地做自己，不会计较个人的得与失，更不会在乎周围人对他的冒犯，也不会在乎他人的误解和世俗偏见对自己的评价，因为他的内心本身就是一个完美的世界，为此他不会色厉内荏，外强中干，更不会随意对人发脾气。这样的人，对自己与周围的人和世界都有极为强大的信念，这种信念能让他坚持自我，与世界万物和谐地相处。这便是情绪上的界限感。

实际上，一个界限不清者，根源在于其内在的"自我意识"不够强。他们内在没有稳定的自我评价和认知系统，所以，极为渴望获得他人的肯定，如果听到任何一些负面的评价、批评，都会忍不住掉眼泪，或者表现得极为生气委屈。对他们来说，"我是什么样的人"这个本应由自己作答的问题，而被交给他人去定义。这样的人，内在是极为脆弱的，很容易因为界限感不清而使自己陷入负面情绪的泥潭中。

走得太近是灾难：保持不累的心理距离

昨天，桂梅和丈夫大吵了一架，她站在门口大骂："你天天疑神疑鬼，这样的日子，还如何过得下去？你要是再这样，我们就离婚吧。虽然我们年龄都不小了，近五十了，离婚后的日子不一定好过，但是我不怕，起码比和你在一起过日子强万倍。"

原来，丈夫是个控制欲极强的人，他经常对桂梅疑神疑鬼，无论她去哪里，丈夫都会打电话、发信息，甚至还要桂梅发送具体的位置，有时还要拍小视频，以证明她究竟和谁在一起。就在昨天下午，桂梅正和几个老同事一起吃饭，中途却收到七八个电话，都是丈夫打来的，这让桂梅极为生气。接下来，两人便发生了激烈的争吵。

其实，在生活中，再亲密的关系，也要保持适当的距离，如果走得太近，就会感到疲累。就像上述事例中的桂梅，丈夫诚然是爱自己的，但是他的爱死死地将自己"囚禁"起来，让自己丧失了自由，这就是忽视界限感和分寸感的结果。

在心理学中有个"刺猬效应"，冬天时两只刺猬需要抱在一起相依取暖。但因为它们身上都长满了刺，如果挨得太近，就会把对方扎得鲜血淋漓。可保持远一点距离，却又会冷得难以忍受。最终，它们找到了一个比较合适的距离，既能相互取暖又能保护对方的安全。实际上，这种效应在人际关系中也极为适用。

作家三毛也曾说：无论多么亲密的关系，分寸都不可差失，自以为熟，结果反而易生隔离。在现实生活中，很多人总觉得朋友或亲人之间就应该亲密无间，两人在一起恨不得穿一条裤子。对于志趣相投的朋友，愿意付出十二分热情，对他们掏心掏肺……但是，不知道在此过程中你是否有过这样的感受：你好心地给对方建议，他却觉得你多管闲事，让自己里外不是人；你和他分享秘密，可没过多久，自己的秘密便尽人皆知。其实，走得太近的关系，只会让原本简单的情谊变得异常沉重，让原本纯粹的关系变得复杂。

今年37岁的苏姗与丈夫结婚近十年，但两人仍恩爱如初，这主要得益于两人"亲密有间"的相处模式。苏姗说："与他相处，他可以有自己的个人空间，我绝不干涉。而自己的个人空间，丈夫也绝不越界询问。"苏姗与丈夫自相识以来，都是无话不谈的那种关系，无论是什么话题，两人都可以侃侃而谈，如果苏姗遇到不懂的问题，偶尔还会虚心地去向丈夫请教。因为这种相处模式，两人从互相告白到结婚，都是一气呵成，中间都没有出现什么差错。

苏姗和丈夫都明白，婚姻不同于恋爱，在婚姻里要面对的东西太多了，诸如柴米油盐和人情交往，都是难事，稍有处理不当就会造成家庭矛盾。所以，结婚以后，他们就很默契地给对方留出一个可以自由呼吸的空间。即便有时候两人产生矛盾，第一时间两人不是进行争吵，而是让彼此冷静，然后再来沟通交流，这样就使解决矛盾变得轻松起来。

正是因为苏姗和她的丈夫都明白个人空间的重要性，所以两人就能一直保持着这种亲密关系，虽偶有争吵，但矛盾让两人更加恩爱。

实际上，无论亲情、爱情也好，友情也罢，相比"亲密无间"的相处，"亲密有间"的相处更能使两者的关系向良性的方向发展。在生活中，我们可能也有这样的体会，在经历了人生的起伏后，当初那些形影不离的朋友，后来大多都没有往来，反而以前那些并不算亲昵的朋友，至今仍保持着联系；当初那些看起来甜蜜无比、经常在朋友圈大晒恩爱的夫妻或情人，最终却分道扬镳，而那些表面上看起来平淡无比、亲密有间的爱情却经受住了岁月的洗礼。人际关系如此，自然界也无不如此。我们所居住的地球，距离太阳大概1.5亿公里。据专家分析，如果地球和太阳的距离再近1%，地球就会变成"火焰山"，生灵涂炭；但如果再远3%，地球就是"广寒宫"，所有生命都将难以存活。而现在，它们的距离是恰到好处的1.5亿公里。人与人之间的关系，好似地球和太阳，保持了合适的距离，才有了世间万物的美。正所谓："君子之交，其淡如水。执象而求，咫尺千里。"两个人的关系太过亲密，便免不了要互相干扰，甚至互相伤害。而不去随意插手、不过分关注，才能带来朋友之间交往的舒适感。两个人距离太近，会将他人的恩惠视为理所当然，最终只会失去这段感情；两个人走得太近，会对他人事事依赖而不断地索取，最终会让人避之不及。所以，真正的高情商者，都懂得与友人或亲人保持合适的距离，与他人相处，不会过度热情，也不会曲意逢迎，会时刻注意保持界限感和相处的分寸感。

分寸感源于对"细节"的把握

分寸感是一个人成熟的标志，它不是疏远，不是傲慢，而是站在一个更高的角度，打量自己的位置，体谅别人的难处，然后做出合适的行为。而在交际中，要做到有分寸感，关键在于对细节的把握，即通过别人的言行、细微的表情、变化的动作等准确地看透别人的内在意图、难处，然后做出恰当的行为，而这考验的是个人的洞察力。

在周围朋友眼里，高翔是有名的高情商并注意细节待人周到。一次，在上班时，他看到一位同事手捂着肚子，可能是胃疼，为了不耽误团队的工作进度，仍旧强忍着。高翔注意到便招呼这位同事下班休息，而自己主动在下班后承担了他的工作。还有一次，朋友们一起聚会出去郊游，早上出门的时候，他留心到有一位朋友没穿袜子，便贴心地提醒对方，说清晨天气寒冷，不穿袜子对身体不好。傍晚时分，见一位朋友坐在院子里想着心事，双手紧抱肩膀，瑟瑟发抖，他便默默地回屋拿了一件外衣披在她的肩上。

懂分寸感的人，能自如地游走于人性的丛林中，其善解人意不仅给人带来安全、得体和愉悦，更会给人带来和风细雨般的温暖和贴心。而待人处事粗心大意、不知深浅的人极有可能会处处碰壁。将目光多多地放在细节上面，你才能拥有常人难以企及的判断力和洞察力。

在社交中，对方一个不经意的眼神，一个无意中的手势，一句无心之言，透露的往往是他此刻内心真正的感受、想法或立场。你若能洞若观火般地掌握这些小细节，并及时地给予恰当的反馈，自然能让别人对你刮目相看，同时对你好感度倍增。比如，如果对方神情冷漠，那么与其交谈时，尽量采用沉稳克制、公事公办的口吻，而不要太过活泼、张扬；如果对方在交谈中频频看手表，语气急促，那就要适时地结束谈话，或者巧妙地将话题转移到对方感兴趣的领域；如果对方的情绪发生了细微的变化，也要适时地送上一些恰如其分的关心和问候，这能悄然地融化他人内心的坚冰。

除此之外，还要根据社交环境的变化约束自我的言谈举止，不要让一些出格的细节举动影响自己的形象。比如，独处时表现得随意一些，但在公共场合一定要记得降低说话的音量，坐有坐相、站有站相。在某些气氛庄重的场合，记得穿着要得体，并管理好脸上的表情。

注意细节的人能够敏锐地捕捉到发生在他人身上的细微变化，并且适时地送上关切的问候或热情的赞扬。尤其是女性，大部分都很注意自己的穿戴。一旦有人注意到他们换了一种穿衣风格、稍稍烫了发梢，她们就会表现出欣喜。在社交中，要想赢得好评，不妨从这一点入手。

在多数时候，言者因为一时忘记自己曾经说过的话，若在这种随意话语上"做文章"，则极容易拉近与他人的距离。比如说，生活中一些高情商者会用心记住交谈对象随口提及的一句话，并且在适当的场合中提起，对方常常会因为被重视、被尊重而万分地欣喜。为人处世，赢在分寸，赢在细节。回想我们身边的那些情商高手们，他们总能发现那些平常人最容易忽略的细节，并据此给予他人恰到好处的关怀与照顾。而平庸者与杰出者最大的区别就在于是否留心别人内心的真实意图，是否能够诚恳地做事。从细节中发现真理，将小事做到极致，最终让人脱颖而出。

一个人被人讨厌或喜欢，往往是因为一些看起来微不足道的小事、看似无足轻重的细节。在交际场合，要学会敏锐地捕捉细节，并且注意合理地把握分寸，千万不要因小失大。

热情有度：善意也要把握好"分寸"

待人热情，是获得良好人际关系的前提。但是，热情也要有度，就算是对人施予善意也要把握好"分寸"，否则就会事与愿违，过犹不及。

刚参加工作没多久的刘欣，在同事眼中是个"好好小姐"，对谁都极为热情，凡事有求必应。工作中的大小事务，她都是默默地主动承担，从不与其他同事发生冲突。同事需要帮忙，她都会热情地顶上去；领导想喝咖啡，她会赶紧去买；甚至还凭着一腔热情帮办公室好几个同事带早餐。可是，她的热情并没有换来同等的热情和帮助，时间长了，大家反而都不拿她当回事。

同事们理所当然地指使她去倒垃圾、复印文件、代替值班，甚至买饭……

终于有一天，她忍无可忍，在旁边同事指使她去取打印机上的文件资料的时候，她一改往日的热情，毫不客气地回道："你自己去吧！打印机又不远，我现在正忙！"同事见状，先是吃了一惊，抬头便看了她一眼，大家都齐刷刷地看着俩人，那个同事脸色愠怒，办公室的空气顿时凝固了一般。

平时，同事们总是以刘欣的位置离打印机太近为由，让她干各种取文件资料、装订的杂活儿。可她的那种过度热情，却并未为自己赢来尊重和好人缘，而是被人当成了办公室里人人可使唤的"小透明"。说来也奇怪，自从刘欣拒绝那位同事之后，再也没有人随意支使她做"打杂"的事了。

热情是种美德，但是生活中，你的过分热情，只会换来别人的"轻视"。在现实生活中，我们可能都有类似这样的经历：当你给对方字斟句酌满腔热情地发了很长的信息，却只收到别人的一个"嗯"字；当你精心打扮、满心欢喜地出门赴约，还给对方带了礼物，结果却被放鸽子；你对他人过分地热情，最终却将对方"吓"得离你越来越远……要知道，任何一种关系，都需要双方情感的互动，过分的热情，要么会让别人轻视自己，要么会让他人因为"害怕"而远离自己。

另外，从心理层面上来说，人不能一味地接受别人的付出，否则就会心理不平衡。"滴水之恩，涌泉相报"也是为了平衡彼此关系的一种做法。如果好事一次做尽，使人感到无法回报的时候，便会滋生愧疚感，进而也会给对方造成一定的心理压力，对方自然会选择疏远。

在一次研讨会上，林南认识了郑彬，两人聊得十分投机。在交谈中，林南说自己比较喜欢清静一点的环境，并打算最近要买一套带花园的房子以满足自己的居住需求。郑彬听完后，马上说自己的一个朋友是做房地产生意的，自己或许可以帮林南买到合适的房子。林南听后也非常高兴。

于是，在研讨会后，郑彬在朋友的帮助下，带林南参观了一栋环境幽雅、建筑结构美观漂亮的两层小楼。林南对此十分满意。郑彬的朋友见林南十分中意这栋房子，心中甚是高兴，便得意地开始夸这栋房子有多好，价格是多么地优惠。他如此一说，反倒令林南心中开始犯嘀咕，觉得这栋房子应该有些问题，于是便说道："我再考虑一下吧，等我们再看几套再决定。"

任何事情都是过犹不及，郑彬的那位朋友就是犯了这样的错误，因为在推销的过程中太过热情，便会引起他人的过分警觉，从而使眼看到手的生意泡汤。在交际场上，尤其是在面对不熟悉的人时，过分的热情只会引发对方的不适感，进而使对方与你保持距离。在生意场上，过分的推销或热情，也会引起客户或合作伙伴的警觉，觉得你对他有所图，于是便会刻意地远离你，进而导致客户的流失。

其实，在交际场上，关系和谐的关键在于交往时彼此的心态，如果两个人都能够从对方的角度考虑事情，用善意去理解他人的行为，肯定就能"你好我好大家好"。而如果你的过度行为引起了他人的误解或猜疑，或者揣着最大的恶意去解读别人，便可能产生无数的误会与纠葛，两人的友谊也就难以长久了。

帮人帮难处，给予也要有度

周国平在《当你学会独处》一书中，分享了这样一个小故事：

有一无赖向朋友借了一笔钱。三天后，朋友催他还钱，他便义愤填膺地叫喊起来：你怎么这样计较，才几天，就开始逼债？

朋友尴尬一笑，按下不提。三年后再来催还，无赖义愤填膺地叫喊起来：你怎么这么计较，多久了，还念念不忘？

无赖终于没有还钱，并且逢人还说曾经借给他钱的这位朋友多么地吝啬计较，不够朋友。他愈说愈气愤，最后庄严宣告，他已经和如此不配做他朋友的人断交。

本来，朋友是出于好意，借给无赖一笔钱；要求无赖还钱也是合情合理。可是，朋友最终不但没有拿回属于自己的钱，还落得一个"吝啬计较"的坏名声。朋友的一腔善意，换回的却是无赖的理所当然和莫名其妙的诋毁，这就是"无赖的逻辑"。事实上，针对这件事，这位朋友也犯了一些小错误，那就是在帮朋友的时候，没能把握好"分寸"，没能够坚持自己的原则，即施予别人也是要讲究度的，否则，也能让你失去友情乃至亲情。

有这样一个故事：

在一个寒冬的夜晚，寒风呼啸，一位旅人在温暖的帐篷里正准备休息。

突然，站在外面的骆驼掀起了旅人的门帘，可怜地表示外头太冷，希望主人能允许它把头伸进去暖和暖和。

善良的旅人不忍骆驼受冻，便同意了骆驼的请求。

没多久，骆驼又陆陆续续提出了把脖子、前腿、半个身子伸进帐篷的请求。旅人不忍心拒绝，也都同意了。

仗着旅人善良好说话，骆驼越来越得寸进尺，最后把自己的整个身子都塞进了帐篷，还把旅人挤出了帐篷，自己独享温暖的帐篷。

善良的旅人，因为毫无底线、不讲界限、丧失分寸地施予，只要别人有所求，不管是否会损害自己的利益，傻乎乎地全心付出，最后难以获得一丝感激，甚至会被伤害。这样的做法同样让你难以获得友情。

作家三毛自小就开始接受家庭灌输给她的思想，在父母的影响下，她一直认为："为人处世，要有素养，遇到争执更是要处处善良忍让。"等到她出国留学，融入集体后才发现，并不是所有的人都值得温柔以待。在室友发觉三毛"生性善良"后，端茶倒水、整理床铺几乎成了三毛的分内之事，她成了室友们眼中无所不能的保姆，室友便丧失了界限感和分寸，也经常对她指手画脚。

当善良变成别人手中的把柄，让善良长满利刺便是摆脱他人控制的最好方式。

直到有一次，三毛终于忍无可忍，在一次与室友的争执中彻底爆发。三毛的举动吓坏了室友，却也让生活回归了平静。

锋芒毕露的三毛，从一个毫无原则的"老好人"，变成了"不好惹"的刺猬，却也让她收获了意想不到的尊重。有时候，一味丧失原则的忍让和妥协，不讲分寸的施予，他人与你之间也就丧失了界限感，从而让你失去友谊。正如三毛在《西风不识相》中所写："如果善良只是一味地付出，那么这种善良，我宁愿不要。"生活的意义，从来就不是让自己丧失原则地妥协与忍让，如果施予善良会让自己受伤，倒不如学着去讲分寸。

在综艺节目《奇葩说》里，一位选手提及这样一个自己经历的故事：小学的时候，因为自己身材有点偏胖，而且不够聪明，每次体育课，都会有男生对她嘲笑一番。面对此事，她从来没有反击，这件事带给她的伤害是巨大的，让她自小到大都不敢再上体育课。直到现在，她依旧是一个就连在别人面前做运动，都会觉得羞耻的人。

可时隔多年，她却动情地说："如果我能够穿越回去，我会告诉那个很小的自己。被伤害时，你一定要勇敢地打回去，我们不是要打败他，而是要向他证明，我不是一个软弱的人。"的确，善良是一种弥足珍贵的品质，但是如果善良丧失了分寸和原则，那就是软弱。善良不代表软弱，张牙舞爪也不等于毫无底线。善良的人从来不会主动伤害别人，但也并不意味着应该被人伤害，必要的时候，也应该学着用强硬与他人划清界限。

爱面子也要有分寸，否则就成了累赘

爱面子是人的一种社会心理，但是要有度，得讲究分寸。有的人过度了，往往会因为面子而使自己受尽了委屈，这就是死要面子活受罪。这是一种高成本、低回报的投资，往往会让人得不偿失。说穿了，这种人不是为自己而活，而是为他人而活。

对于爱面子心理，心理学家武志红这样解释道："一个人的'自我'有两种，'真自我'和'假自我'。有'真自我'的人，其心理与行为都是从自己的感觉出发，而有'假自我'者，他们的一切都是围绕着别人的评价而构建。有'真自我'的人，他们知道自己要什么，并且即便自己没要到什么，他仍然有一种内在的自我价值感；而有'假自我'的人，无论他的欲望看起来有多强，其实不知道自己要什么，他要的，就是别人要的。若是实现了，他就觉得自己有极高的价值感，若不能实现，他们的自我价值感就崩塌了。"这段话极客观地描述了那些死要面子者的内在心理。对于他们来说，他们做任何事情，都不是以自我真实的感觉出发的，相反，他们要的恰恰就是别人所期待的，他们在拼命地通过达成别人的期待而获得自我价值，这不能不说是一种心理上的累赘。

孙皓在一家公司已经做了三年的普通职员，而他的一个朋友赵磊则成立了一家公司。为了庆祝一番，赵磊在酒店邀请了过去的一些朋友欢聚一堂。朋友们玩得很高兴，都祝福赵磊生意节节攀高。

这个时候，孙皓突然说："赵磊放心，你的单子我给你包了。"

其实孙皓明白，自己肯定没有那么大能耐，可是为了面子，他还是毫不犹豫地说了出来。结果，所有人都记住了这句话，朋友们都说孙皓够义气。一瞬间，孙皓感觉自己很伟大，于是夸下了更多的海口，引得朋友们无不羡慕。

孙皓的话，让赵磊牢牢记在了心里。几天后，他去找孙皓做单子，而孙皓只不过说说而已，并没有想着朋友会真的找他帮忙。这下孙皓慌了，因为他自己根本就没有什么把握。

可是孙皓意识到，如果这个时候拒绝，那么自己无疑丢了大面子。于是，他不得不帮赵磊忙活起来。一个星期过去了，孙皓一个合适的单子也没有给赵磊做成，但是赵磊也并没有不高兴，只是说："看你说得那么胸有成竹，相信你能行的。现在看来，我还是找别人吧，你不要为难了。"

可是，为了保全面子，孙皓还是决定要给朋友看看自己的"能力"。不过，几次三番的失误，不仅让赵磊受到了连累，就连自己也花了不少冤枉钱。从这之后，朋友们开始感觉孙皓并不像他自己说得那样，于是对他产生了一丝反感。而孙皓自己自然也不高兴，人缘差了，脾气也越来越暴躁。

正所谓"死要面子，活受罪"。从心理层面上来说，孙皓的要面子行为，实际上就是为了满足别人的需求而获得满足感。他做事的原则不是从自我的真实感觉出发，在朋友面前呈现的是"假自我"，最终不仅让自己失了面子，而且还背负上了沉重的精神压力。所以，这是一种失分寸的做法。

有人考证，潇洒、明朗、自由、活脱是从"不要面子"来的，上帝规定了你"要面子"就得"受活罪"：明明没有钱，明明不当官没有那个权，但为了显示自己活得比他人好，有能耐，就逢人摆阔气，装"款爷""富婆"，今天请吃请喝，明天吆五喝六进舞厅，面子倒是有了，欠下一屁股债务后，暗地里只能吃咸萝卜；明明能力不足，但就因为撕不破朋友这一张面皮，强装君子风度，握手言欢，答应帮朋友做一些力所不及的事情，最终不但给朋友带来困扰，又让自己失了面子，甚至为此痛苦不堪；夫妻间明明已经同床异梦，毫无感情，家庭已成为一种摆设，但一想起面子，社会议论，就装出一副男欢女爱的面孔来支撑婚姻大厦，直到心力交瘁……这些都是交际中失分寸的做法。要知道，人与人之间应当是平等的，彼此间也只有坦诚相见，才能让友情成为一种支撑，成为一种快乐的享受。要面子其实并没有错，但是不要让面子成为自己的一种负累。认真做自己应该做的事情，不做勉强的事，因为勉强本身不仅委屈了自己，也委屈了别人，最有面子的人生就是真实状态下有所收获的人生。

有位世界级的小提琴家在指导别人演奏的过程中，很少说话。每当他的学生拉完一首曲子之后，他都不多说话，只是亲自将这首曲子再演奏一遍，让学生仔细地聆听，并从中学习一些拉琴技巧。

他在收新学生时，都会事先让学习者表演一首曲子，想摸清学生的底子，再分等级进行教育。

这一天，他收了一位新学生，琴声一起，在座的每个人都听得目瞪口呆，因为这位学生表演得相当好，出神入化的琴音犹如天籁，比他自己表演得还要好。

学生表演后，所有的人都认为小提琴家为了顾全自己的面子，一定会对这个孩子给予不好的评价，以显示自己的尊严。出乎意料的是，小提琴家照例拿着琴上前，这一次他却把琴放在肩上，久久没有动。最终，他又将琴从肩上拿了下来，并深深地吸了一口气，接着就满脸笑容地走下台去。这个举动令在场所有的人都感到诧异，没有人知道接下来会发生什么事情。

小提琴家只是缓缓地向大家解释道："这个孩子的演奏实在太完美了，我恐怕没有资格去指导他！起码在这首曲子上，我的表演对他可能只会是一种误导。"

这时候，大家都明白了这位小提琴家的胸襟，台下也顿时响起一阵热烈的掌声，送给这位演奏得好的学生，更送给这位小提琴家。

小提琴家不顾及自己的面子，勇于接受学生更优于他的事实，最终赢得了人们热烈的掌声，在他身上也正体现出一种令人赞叹的大师风采。他不受盛名所累，也不被人们的目光所限制，更充分地体现出一种极为可贵的真实和谦逊，最终为自己赢得了最大的面子。

我们每个人都渴望得到别人的认可，但是我们不能仅仅为此而给自己套上面子的枷锁，承受内心的煎熬。在交际场上，比起"要面子"行为，不如真诚和谦虚更能赢得人心。所以，放下面子是一种智慧。放下的是面子，舍弃的是心灵的重负，得到的是更为真实，更为自由、快乐的人生。

第二章

找出"症结"，再开"药方"
——找出界限感模糊者的心理根源

在现实生活中，很多人界限感模糊，为人处事丧失分寸，比如对他人表现出控制欲，总想让周围的人都听从自己的命令，在人际交往中表现得极为强势，对爱人或亲人表现出极强的依赖性，无法忍受他人的"离开"，过度地去讨好他人等，给周围的人带去痛苦的同时，也让自己陷入无尽的烦恼中……实际上，很多人也清楚自己的问题，但始终无法纠正这些问题。这主要是因为他们没能找出问题的症结所在。实际上，在人际关系中表现出界限感的模糊，多数是心理问题。一位心理学大师曾经说过，心理变，态度亦变；态度变，行为亦变；行为变，习惯亦变；习惯变，人格亦变；人格变，命运亦变。换句话说，要改变自己的不良行为或个性，就要从改变自身的心理状态开始。界限感模糊者，若要想完善自我，必须从清醒地认知自我开始，首要步骤便是找出自己性格缺陷的心理症结，然后对症下药，疗愈自己。

控制欲强者的焦虑：总想把自己的想法强加于人

界限感模糊的人，最可怕之处就是容易把自己的想法强加于人。这多出现于各种亲密关系中，比如身为父母，他们一直沉醉在自我感动的付出中，总是站在自己的角度替孩子操劳一切，他们永远不清楚自己与孩子相处的界限，对孩子的一切行为都大加干涉，自己劳心劳力，而孩子则是痛苦不堪；比如身为爱人，对另一半的行为进行控制，约束他们的行为，限制他们的自由，最终致使两人关系恶化……这是发生在现实中的真切案例，让我们听听那些被控制者的糟糕经历：

"我都27岁了，生活中几乎没有隐私，经常会被妈妈控制。比如看到我在看恐怖的电视，她会立即关掉电视，说这不利于我的身心健康；我每天出门前，她都会翻看我的包，生怕我落下了钥匙、手机等重要的东西；我的手机也经常被她查看……这种控制几乎伴随着我成长的过程，记得小时候为了不让妈妈进入到自己的房间，我会把门锁上，可锁却全部被父母拆掉了，母亲也会偷看自己的日记和手机，甚至在长大后，自己在洗澡时母亲也会想办法推门进来，我毕竟是个成年男人，那种尴尬的场面至今让我难以启齿……我经常跟她说不要过多干涉我的生活，她却总是说："我就想知道儿子在做什么，难道我有错吗？"

"我女友是个控制欲极强的女人，每天除了上下班，我几乎不能自由地支配自己的时间。只要下班不准时回家，我必须要向她报告自己的行踪，比如和谁在一起，在干什么……最近，连我在公司加班，她都要追根究底……这段感情我真的快撑不下去了！"

……

以上这些有着极强控制欲的人，都有以下的特点：他们分不清楚与他人的界限感，总是希望能对某件事或某个人有绝对的占有权，一切必须要按照他的意思执行，不允许出现任何差错。一旦他们的控制欲未被满足，便容易产生焦虑乃至痛苦的情绪，容易对自己和身边的人造成伤害。另外，他们凡事都喜欢亲力亲为，因为这样可以让自己获得掌控感。同时，他们对别人办事都不放心，别人经手的工作，他必定会再核对一遍。

在与人相处的时候，强控制欲者会呈现出两种状态。如果其在一个群体或在一段关系中占优势，就会开始领导他人，开启自己的控制模式；如果在一个群体或一段关系中占弱势，便会感到茫然，会对自己的软弱无能深感自卑和不安。比如，有些控制欲强的父母，在孩子小的时候把他们控制得死死的，但当孩子独立后，发现自己无法控制他时，便会感到茫然、沮丧，然后会常常向人抱怨孩子的所作所为。

从心理学的角度分析，控制欲强者，期望自己范围内的事情都要在他们的掌控之中，任何的失控，无论事情大小，都会让他们感到崩溃。对他们来说，外界的失控，就意味着自己内心的崩溃。接下来，便会陷入焦虑、不安、恐慌等情绪中进行"自我折磨"和"自我攻击"。"内在的崩溃"，用个体心理学的话来说，即瓦解的体验，是极为可怕的心理体验之一。所以，为了避免自己长久地经历这种可怕的心理体验，强控制欲者会尽一切可能让事情尽快地恢复控制。而所谓的控制，也就是事情的进展必须要与他们想象的是一样的，这不可避免地导致了他们对别人的控制。

控制欲者之所以会极力地想去掌控，是因为他们内心缺乏安全感。根据著名心理学家玛格丽特·马勒的观点，早期的婴儿一切需求都需要妈妈去提供。如果没有妈妈，什么都做不了，任何的挑战，对他们来说都意味着失控。所以，他们身边必须有一个时刻满足他们需求的抚养者，最好是妈妈。当婴儿饥饿时，妈妈可以供给他食物，当他感到不舒服甚至崩溃时，妈妈的臂弯可以围绕着他。当这些被满足的体验积累多了，婴儿会真切地感受到事情基本在他的掌控之中，即便是偶尔会有失控，也不会处于无助的状态。但是，如果早期妈妈对婴儿的需求视而不见或者无法满足他的需求，任由他在失控的状态中挣扎，婴儿就会陷入彻底的无助或瓦解中。长大后，这种缺乏安全感的体验便会更为深刻，当外界瓦解时，他们的"自我"也会瓦解：我什么都对付不了，我太无助了……因此，焦虑、痛苦、沮丧等感觉便会袭来。为了不让自己陷入这种感觉中，他们便不由自主地会对周遭的一切事或人进行控制，尤其是他们身边的人。换言之，强控制欲者对他人的控制，是为了获得早年遗失的安全感。

那么，控制欲强者该如何去治愈自己呢？

其一：要分清你的主观感觉与事实。

控制欲强的人，因为分不清主观感觉与事实，所以极容易陷入掌控模式中。比如，一个母亲会觉得儿子的行为只有在自己的控制中，才会少走很多弯路，所以，她会极力控制儿子的一切行为。事实上，儿子已经是成年人了，有清晰的自我认知能力，完全有能力不让自己走弯路。这位妈妈对儿子实施行为控制，就是因为分不清自己的主观感觉与事实。所以，她如果放手，就要承认自我主观感觉不等于事实。如果她在干涉儿子行为时，对自己说："如果放开手，说不定儿子能成长得更好。"慢慢地，让自己退出儿子的私人世界。

其二：在人际交往中主动划清与他人的界限感。

在人际关系中，控制者一定要事先划清自己与他人之间的界限。与他人交流或合作时，一定要分清楚：你是你，我是我，我无权干涉你的世界、你的个人意志与行为。当控制不住自己而入侵到别人的世界中时，也一定要及时让自己清楚地知道：这样做是我的问题，而不是你应该被我入侵。

其三：关键是要找回早年遗失的安全感。

比如可以通过与原生家庭和解的方式去安抚和治愈自己，培养自己独立的精神世界等。

强势者的逻辑：必须要听我的

强势者都普遍是界限感模糊的人。他们在面对某一件事或者某一个人时，渴望拥有绝对的支配权，不允许意外或者有其他差错，有人违背其愿望或意图时，便会大发雷霆或者生闷气。一般来说，他们都有如下的表现：

1. 总会不断地给你提要求，认为你应该按照他的要求来做事；

2. 喜欢批评你，你这么做是对的，那么做是错的，你这么做是不合群，那么做是没特色；

3. 希望你能为他们的感受或情绪负责任，经常会说"你这样做一点都不爱我！""我不幸福不快乐都是因为你没做什么事。""你没有怎么怎么着，我怎么能够开心呢？"

4. 自己没有错，错的都是你。在对错问题上特别擅长使用外归因，表现为自己的对错好像无需讨论，但你的对错特别重要，如果发生了不好的事情，一切都是别人的问题，而从来不在自己身上找原因。

他们常说的话是："我这样做是完全为你着想，你为何不理解我的苦心？""如果你不按照我的要求去做的话，我们还是分开吧！""你必须得这么去做，否则，我会伤心死的！"……这样的人总是一副受害者的面孔，施压者的心态。他们总是深切地期望着别人按照自己的意愿去行事或改变：期待让父母退让，期待使恋人妥协，期待朋友给予自己足够的包容，期待被无条件地满足……他们总是过分地关注自身的情绪，关注自己内心的诉求，并肆意地"越界"，对别人的处境和现状却有意无意地忽视。

最近小倩和男朋友正闹分手，这次是男友主动提出的，并且分手的态度很坚决，他觉得和她在一起真是太累了。两人刚在一起时还算投缘，女友黏人，你侬我侬。可时间一长，男友就有点慌乱，因为小倩真的太过强势了，总想去控制他：从睁眼到闭眼，不断地打电话，微信必须发定位，从吃饭、逃课、喝咖啡到轧马路，整天都要听她使唤；遇上她心情不好，就会朝他怒吼，拿他当出气筒……可每当她带着命令的语气提出要求，他皆以欠债般的歉意，去喂饱她不停许出愿望的嘴巴。到头来，从相爱到相厌，最终提出分手。

朋友劝小倩道："爱情之外，相处之内，越想要控制，越是容易失去。"但小倩却丝毫不放在心里。其实，小倩自己也是有苦衷的，看着即将离开的男友，她便哭诉道："我这个人，外表看上去很强势，内心却住着个胆怯的小孩，生怕不被人接纳或不被认可……"

实际上，控制欲强的人都有着小倩一样的苦恼。他们外表看起来强势，具有极强的"攻击性"，但实际上内心却住着一个胆怯的

"小孩"，缺乏安全感，而正是如此，他们会拼命地想抓住些什么，过分地干涉他人的自由，不断地"越界"，将他人置于痛苦中，也把自己拖入负面情绪的深渊。

实际上，从心理学的角度分析，一个人的"控制欲"大都源于早年成长环境中父母对自己的不接纳，或者遭遇的某一种创伤。比如父母自小总是看不起自己，认为自己总是不行，甚至经常表达失望、嫌弃的情感，那么小孩就会对自身的"弱小""虚弱""无能"的部分感到十分地恐惧，并且可能因为从小经常被指责"弱小""虚弱""无能"而在潜意识里压抑了太多痛苦和委屈的情绪。这些痛苦的情绪是如此地强烈，以至于当事人不敢将它放出来去直面它，早年的他采取了回避的方式不去面对这种情绪，也就没有发展出可以应对这些情绪的能力。甚至当事人会十分严重地否认自己人格中的这一面，不愿意去触碰自己弱小、脆弱、无助的部分，竭力地证明自己是个强大、有力、正确和高高在上的人，以此来防御自己潜意识里面的创伤。有的人不接纳自己的脆弱、弱小、不如别人的一面，有的可能不能接纳分离，有的人不能接纳犯错。在所有不被接纳下面埋藏着的都是巨大的"恐惧感"：害怕自己被抛弃，害怕自己不被爱，害怕自己不够好。

控制欲过强者经常会采用"否认"的防御机制去回避自己的这些问题，但是，他们又经常体验到巨大的恐惧，就是我们通常所说的"安全感的缺失"。所以，他们就会像抓稻草一般抓住周围的环境，希望外界环境或者别人来让他们摆脱这种不安全感：证明他们强大、有力、有魅力、绝对正确来稳定自己的内心。所以，很多人也发现，一个控制欲强者的背后往往是安全感的丧失。所以，从根本上讲，一个控制狂要想极好地控制自己的情绪，就要在意识到自身安全感丧失的同时，正确地接纳自己，接纳自己性格中的"缺点"，然后和谐地与它们相处。具体来说，你可以尝试着去这样做：首先要正视原生家庭对自己造成的创伤，去安抚内在"胆怯"的小孩。如果你有些强势，有较强的控制欲，那先要反思一下自我在幼年时期经历过什么创伤，比如经常会受到他人的指责、批评、打压等。如果有，说明你的内在"小孩"还处于受伤状态，需要我们去拥抱它，疗愈它。当然，要实现疗愈，我们就要在自己失控时及时地停下来，去连接我们的内在小孩，去接纳自己。要仔细倾听自己内心的声音，那里或许住了一个悲伤、孤独的小孩，哭泣着说"请爱我吧"。我们就停下来去抱抱那个自己，牵着他的手一起前行。

一旦我们的内在小孩得到了疗愈，他的喜悦、创造力、生命力、信任等特质就能毫无阻拦地表达出来，为我们的生活带来无穷的乐趣和希望。

不堪承受的分离之痛："离开你，我活不下去"

在亲密关系中，会有这样一种界限感模糊的行为，叫："离开你，我活不下去。"这里的"离开"包括主动与被动离开，"活不下去"指失去这段关系，或没有你在身边，痛苦的程度堪比死掉。在心理学中被称为分离焦虑。这种分离焦虑，多发生在情侣或夫妻间，比如一方提出分手，而另一方则会痛苦万分，感觉自己的精神世界崩溃，人生处于暗黑、迷惘状态，从而产生比死亡还难受的情绪。这样的人，在与人相处的过程中，形成了极强的依赖心理，觉得"你"就是"我"或"我"的一部分，离开了你，独立的"我"就很难活下去。他们不知道的是，这个世界上每个人都是独立的个体，这也是一种心理病态的体现。

张刚与刘青在大学三年级的时候便陷入了热恋，他们俩是在一次聚会上认识的，两人可谓是一见倾心。毕业时，张刚因为工作的原因到了北京，而刘青则因为家人的原因留在了武汉。刚分开的那两年，张刚每逢假日都会到武汉去找刘青，刘青也偶尔会到北京去与张刚团聚。但时间一久，刘青感觉疲倦异常，再加上刘青的家人也催促她赶紧找个本地人结婚。于是，刘青便对张刚提出了分手。

可张刚却难以接受这个事实，于是辞掉了北京的工作，到武汉去找刘青。可此时的刘青已经在父母的安排下准备和当地的一位男性谈婚论嫁。后来，无论张刚如何哀求，刘青都坚持与他保持距离。几个月后，刘青顺利地结了婚。这让张刚异常难过，他觉得自己的人生顿时都灰暗了，于是便有了轻生的想法。那段时间，他不停地给刘青打电话，但对方始终没理他，这便加深了他的绝望。随后，张刚开始不停地给刘青发信息，说若她不肯回头，就死给她看。这可吓坏了刘青，在万般无奈下，刘青便联系了张刚的家人，希望他的家人照顾好他，以免让悲剧发生。可出乎意料的是，张刚的家人也没把这当一回事。一周后，张刚说他还是无法接受刘青离开他的事实，便割腕寻死，后来幸亏被室友及时发现，才将他送到了医院。刘青到医院，看到虚弱异常的张刚，难受极了，不知道该如何是好……

张刚的行为属于典型的"分离焦虑"，他之所以会出现分离焦虑，根据玛格丽特·马勒的理论，可能是因为他的心理年龄还停留在婴儿时期的混沌共生期，或者说他在6个月到3岁时，正处于个体分离期时没有被好好对待，从而未完成自我个体的分离。所谓混沌共生，指的是人与人之间，像是缠绕在一起，缺乏清晰的边界，无法区分"你是你，我是我"和"谁的事情，谁来负责"。也意味着，处于混沌期的人，个体没能与母体完成分离，所以这样的人缺乏独立的自我意识。比如，那些在失恋后寻死觅活的人，会觉得"离开你，我活不下去"，是因为天天黏在一起的两个人，一旦有一方生出分离的想法，便意味着这个共生的幻想将会遭到破坏，于是不想分离的另一方，会感受到被抛弃，进而感觉自己离死不远了一般。这时，不想分离的一方便想着拼命去抓住这段关系，想在那里找到控制感，进而继续活在混沌共生的幻想里，只是对方未必配合这个游戏。

实际上，健康的恋爱或婚姻关系一定是相互独立个体的互相欣赏，是亲密有间的。我们要与爱人保持亲密，是因为我们个体上需要链接感，精神上需要爱。在保持亲密的过程中，当你体验到与对方合二为一时，则会产生巨大的愉悦感。同时，健康的恋爱关系也是需要分离的，在分离中成为自己，进而让自己的生命触角能探索和感知生命中更多未知领域的精彩。那种"我离了你，就活不下去"的人，本质上是在追求婴儿时期没被满足的共生感，他们要求：我中有你，你中也必须得有我，否则，你若要跟我分开，自我的意义便消失了，成长也自然不存在了。

泰国电影《永恒》讲述的是庄园主人帕博老爷有钱又沉溺女色，便对美貌而富有智慧的女子玉帕蒂一见钟情。于是帕博对她展开攻势并赢得芳心。而尚孟是帕博的侄子，从小就父母双亡，被叔叔帕博抚养长大。他从缅甸森林大学毕业归来，就开始帮叔叔打理林场。

但是，在日常交往中，尚孟与玉珀蒂两个年轻人（侄子与婶婶）暗生情愫，终于在某一日他们抑制不住感情，越过了伦理的防线。帕博发现自己的侄子与自己爱人的暧昧关系后，不是用暴力将两人拆散，而是拿来了一副手铐将两个人拷在一起。对此，两人开怀大笑，仿佛两个人可以永远地在一起了。帕博对他们说："既然你们那么相爱，你们想在一起，那就让你们永远在一起。"一开始，他们很幸福地生活在一起，手牵手，在树林中狂奔，趟过小溪水，像孩子般躺在床上嬉戏。此时此刻，爱情带给他们的是亲近和甜蜜，他们是如此地快乐和幸福。

对此，帕博则说道："走着瞧吧，不久就能看到真相了。"

一个人的左手拷着另一个人的右手。生活带来的种种不便，开始引发这对年轻恋人之间的种种冲突。誓言中会永恒存在的美好爱恋，却因这铁链的牵绊悄悄产生了裂痕。两人开始互相埋怨、互相指责。最终，这个象征爱情永恒的"手拷"使玉珀蒂与尚孟走向了毁灭，结局是如此令人震憾与惊悚。

尚孟与玉珀蒂的爱情经历告诉我们，永恒的爱情是亲密有间的，两人既亲密，也要保持个体的互相独立，一定是"我是我，你是你，我们在一起"。

一个生命，是逐渐走向更开阔的世界的过程，好的婚恋关系，应该终会导向这个结果。如果在一个长期关系中，你或者对方都活得越来越狭窄，生命视角都越来越狭隘，那就要静下来好好反思一下自己，你们是否正处于混沌不清的共生关系中。

那么，在现实生活中，处于混沌共生关系中的人，该如何去自我疗愈呢？

第一，要通过自我觉醒认识到你的分离焦虑与无法独立有关。无论是你无法接受失恋现实，还是觉得自己离不开某个人，其实就是心理上不独立造成的。当你意识到这个问题，就有了改变的可能。接下来，你要做的就是让自己的心灵成长，从混沌的状态走向独立。这期间，无论做什么事情，都要告诉自己：我们每个人都是独立的个体，都有自己的主张，自己的选择，而自己当下能做的就是直面痛苦和焦虑，然后慢慢地让自己成长。

当然，在这个过程中，你也可以尝试"最坏打算法"，即这件事情如果出现最坏的结果，自己是否能承受。比如，你可以在失恋后问自己：没恋爱前的几十年一个人生活得不是很好吗？他（她）离开了，自己还是过以前的生活，没什么大不了的。

第二，鼓起勇气，让自己直面痛苦是一个人心智成熟的必经之路。直白地说，有"分离焦虑"，是心智不够成熟的标志。要想让自己获得成长，一个简单有效的办法就是让自己直面困境，直面分离带来的"痛苦"，并用心去拥抱和接纳这种痛苦，用心去感受它们，让它们成为你生命中的一部分。

露的丈夫是在一场车祸中丧生的，她与丈夫刚结婚不久，两人感情正处于甜蜜期。当她得知这个消息时，悲痛欲绝的她完全没办法让自己平静下来，那个时候，她也觉得自己的生命顿时没有了意义，有点撑不下去。好在她的身边始终有闺蜜陪着，不断地被安慰。但是近半年来，每当想起死去的丈夫，无论她做什么，想什么，心都是刺痛的。她知道，要让自己摆脱痛苦，唯一的办法就是让自己忙碌起来。她将所有的精力都投入到工作中，但是只要她一静下来，甚至只要走路停下来一会儿，那种哀伤就会袭上心头，令她无法招架。后来，露不再逃避，不再没事找事地瞎忙，当丧夫之痛袭来时，她让它涌上心头，看着悲痛一点点地走近自己，然后渐渐地消退，虽然回想时仍旧会难过，但却能让她慢慢地平静下来。

最后，她终于战胜了自己，她已经可以不必再抗拒那种情绪，她明白最痛苦的那一刻已经过去了，她想着属于自己的生活。

"我可以再次体会人生的快乐，那些痛苦已不是现在的事了。它只是我人生的一部分，而我人生其他的道路，还可以继续走下去。"这是走出伤痛后，她所说的第一句话，她的坚强让所有的人都肃然起敬。

面对痛苦，越是逃避、抗拒，它对你造成的伤害越强，而当你勇敢地去面对时，就像露一样，让它尽情地涌上心头，看着悲伤一点点地走近自己，然后渐渐地消退，最终让它成为永远的过去，而自己的心灵也在此过程中获得了锤炼和成长。

第三，不断地提升自我认知，更新自己的内在系统。提升自我认知和不断地更新自我内在系统，是让自己心灵获得成长的有效途径。所以，生活中，你可以通过阅读和思考不断地更新内在自我认知体系，从而让自己心灵不断地走向成熟。比如，美国作家斯科特·派克在《少有人走的路》中说："某个人觉得离了谁都活不了，以轻生或者自杀相威胁，那不是爱，而是依赖感。确切地说，那是寄生心理。没有别人就无法生存，意味着你是个寄生者，而对方是寄主。你们的关系和情感没有自由的成分。他们是因为需要而不是爱，才结合在一起的。真正的爱是自由的选择，而人不一定非要生活在一起，充其量只是选择一起生活罢了。"当你真正地读懂这句话，体会到其中的道理，便也会释然许多。

讨好型人格：每一次讨好，就是在弱化"自我"

在生活中，有一种讨好型人格的人，他们一味地去讨好别人，而忽视自我感受。他们说话处世考虑事情，出发点只有一个，就是要讨别人高兴。这也意味着，他们有着极为模糊的界限感，在讨好别人的同时，忽视了自己是一个独立的个体，有区别于其他个体的界限。而一个心理健康的人，一定是在认清自己与他人之间界限的基础上，在顾及他人的同时，遵从自我内心的意愿和感受，而不是一味地付出和讨好。

具有讨好型人格者，在人际交往中，他们唯一的目的就是要竭尽全力地让他人高兴，任务无法完成，拥有讨好型人格的人便会陷入困境，突然间变得混乱起来。另外，具有讨好型人格者通常对别人的情绪极为敏感，别人有任何一丝不悦或者心情阴云，他们都能够敏锐而快速地捕捉到。然后，他们会觉得自己有义务让他们高兴，似乎别人的不高兴都是自己表现不好造成的，他们非常害怕别人对他们有不好的评价，为了维持别人对他们的好评价，他们必须保持高度的警惕性，时刻关注别人，为的是在别人指责自己时，及时调整自己，让别人对自己感到满意。因为这一点，他们会自动地在与别人的关系里，将自己放在满足别人需求的位置上。这种界限感模糊的行为让他们活得很累，很压抑、委屈和抑郁，生命萎缩，甚至极为愤怒。

另外，拥有讨好型人格者，在面对别人的要求时，很难拒绝别人，即便他们意识到别人的要求可能不合理，他们也不会拒绝，因他们害怕一旦拒绝，就会招来对方不好的评价。在他们心里会认为："我根本无法决定自己的事，而必须依赖别人的判断和对我的评价。"正如日本作家太宰治在小说《人间失格》中所说的那样："我的不幸，恰恰在于我缺乏拒绝的能力，我害怕一旦拒绝别人，便会在彼此心里留下永远无法愈合的裂痕。"

在人际交往中，拥有讨好型人格者，很容易丧失原则，不能守住自己的界限感。为了让别人高兴，任凭别人无限制地触犯自己的底线而不做任何的反抗，比如有的讨好者任凭别人跑到自己的生活中来指手画脚，对自己指指点点，即便内心不舒服也不做任何的反抗。另一方面，他们也容易突破别人的界限，希冀着别人为他们过度地负责，期待建立过度亲密的关系，但同时常常因为别人不能满足他们的期待而受伤，所以，他们在人际关系中经常感到痛苦。

讨好型人格形成的原因是多种多样的，但多数都与童年的经历有关。从心理学的角度分析，讨好型人格的本质是低自尊和低自我价值带来的。这与其生长的原生家庭有关，比如父母本身就是讨好型人格者，他们的自尊和自我价值感都很低，通过不停地教育自己的子女去讨好别人以获得生存，久而久之，孩子便也养成了过度地委屈自己以讨好他人的交际方式。再比如成长在一个有强控制欲的父母的家庭中，孩子的一切必须要围着父母的需求转，他们不能有自己的意见或自我。当孩子表现优秀时，父母就会高兴，便会全力地满足孩子的需求。当孩子表现糟糕时，父母便表现出不高兴，或者对孩子进行极为严厉的惩罚，如斥责、训斥甚至打骂等，逐渐地，孩子内心的声音便会完全被泯灭，而成为只依赖大人评价的傀儡，孩子便也变得胆怯和畏缩，不敢表达自己的需求，同时会觉得自己必须讨好父母，只有讨好父母，自己才有好日子过。再比如，成长于缺爱和关注的家庭中，如自小父母不在身边，他们为了赢得周围人的爱和关注，便只有费力地讨好，长大后便养成了讨好型人格。

赵梅有一个不太快乐的童年，因为在她两岁的时候父母离异，然后母亲改嫁，至今都不知道母亲的下落。而爸爸后来再婚，没有精力照顾她，就将她放在了爷爷和奶奶那里。爷爷奶奶尽管对她极为疼爱，但在她七岁的时候，两人先后离世，之后她就在县城的寄宿学校读书，很少回家。每次回到父亲的那个新家，她总觉得家人对她淡淡的，几乎感受不到温暖。为此，自小在她的意识里便形成了"没有人爱"的意识，这个残酷的真相让那个正渴望爱与关注年纪的她是无法接受的。于是，她便开始向相反的方向努力，她渴望赢得身边所有人的爱。她向亲人、同学和老师索取爱与认可，她特别努力地学习，竭尽全力地讨好他们，想尽办法赢得他们的认可与称赞。她曾向朋友说，自小读书的目的，既不是为了追求知识，也不是想获得独立思考的能力，而是纯粹地讨爸爸和老师的欢心。有很多次，朋友在酒吧喝酒唱歌，打电话叫她过去送钱结账，这事摊在别的女孩身上，一定会遭到回绝，但她居然不敢拒绝。与同学在一起，她总是显得小心谨慎，生怕有一点惹得他人不高兴。但是，却还是没有人愿意真正和她做朋友，因为她对于人际关系中的负面信息也显得太过敏感。比如，大家在一起玩，有时候会开她的玩笑，说她的虎牙真是难看，她便会因此不高兴几天。

赵梅一直在试图逃避"没有什么人爱我"的人生真相，但这个真相不在别处，就在她的心里。那么，无论走到哪里，这个真相都会紧紧地跟随她。于是，她越想否认这个真相，越执着于获得别人的关注和爱，同时对别人的不爱也越敏感，常因为别人一点不爱她的信息，就会触动她的潜意识，让她不得不暂时面对这个人生真相，这一直是她最害怕的。所以每次不得不去面对时，她就会极不开心，并对别人产生怨气。

结果，她特别努力地讨好别人，但别人都特别地抵触她，不愿意接近她。她连一个朋友都没有，而她的表哥也回忆说，尽管她当时看起来很乖巧，嘴巴也够甜，但很多亲戚就是不喜欢她，因为总觉得她身上长满了刺。

后来，她开始陷入绝望，真正觉得"没有一个人爱自己"，她悲伤极了，痛哭一场。自那后，她开始接纳"没有一个人爱自己"的事实，慢慢地，她感到不再那么痛苦了。以前的她总是会费力地讨好别人，将焦点放在别人身上，但此后她便再也不去讨好任何人了，而是将焦点放到了自己身上。她的内心发生了改变，而她的人生也随之发生改变，她的人生态度越来越积极，她的朋友也越来越多，她在那场痛哭后的彻悟中获得了力量。

赵梅讨好型人格的形成与其在原生家庭中未能获得足够的爱密切相关。她费力地讨好别人，单纯地只是为了填补她内心对爱的渴望，另一方面也是为了掩盖"没有一个人爱自己"的真相。但她太过敏感的个性也让她的讨好未获得好的回应。后来，她痛哭时的表现，实际上是承认了"没有一个人爱自己"的真相，这份觉察力反而让她获得了力量。她开始学着放下，放下执着的幻想，放下加在别人身上的虚妄，使自己得以治愈。

要知道，一个人自我疗愈的前提，就是要先觉察到"真相"。就像一个人患了一种疾病，你必须要先了解它的"病因"，才能对症下药，药到病除。另外，了解"真相"也是自我接纳的前提。对于拥有讨好型人格的人来说，只有像赵梅一般，在认清真相后，放下自我意识中的幻想，放下加在别人身上的虚妄，如果此时产生恐慌，就任由恐慌进行，如果此时产生悲伤，就任由悲伤流淌，最终，我们就会在某一刻或某一个瞬间，彻底拥抱了自己的人生真相，我们才能真正地达到自我疗愈的目的。当然，这是根本之法，但在现实生活中，要走出讨好型的人际模式，我们还需要进行一些实际的行动。

其一：要有站起来的意识。

拥有讨好型人格的人，一定要明白：外界在评价一个人时，更多会考量这个人的能力与对他人的价值。如果你不懂得提升自我能力，而将精力用在讨好别人身上，时间久了，别人便容易看不起你，忽视你，因为你对别人会越来越没有价值。所以，对于你来说，与其费力地讨好，不如树立让自己站起来的意识。这里所谓的"站起来"是指你要尊重自己的需求、自己的渴望与个人的意愿。

同时，在合理的情况下，别人应该尊重自己的这些渴望和要求，因为自己值得拥有这些权利。无论在怎样的情况下，都要勇于去捍卫自己的这种权利，而不是把这种权利拱手让给别人。

其二，"站起来"的下一步就是有胆量和勇气为自己负责任。讨好型的人之所以总是将自己置于弱者的地位，是因为他们总是想抛弃或者逃避自我责任，他们不想为自己的人生承担责任，也不想冒险，他们只想依赖他们以为的强者。然而这个世界的真相是，没人可以为别人的人生负责任，也无所谓强者和弱者，只有自己可以为自己的人生负责任，这也是每个人不能逃脱的责任。既然逃脱不掉，不如直面责任和挑战，勇敢地去承担，而一个人的能力和勇气也会在这种承担中得到锻炼而一步步地强大。

其三，意识到原生家庭对自己的禁锢和塑造。多数人讨好型人格的形成与原生家庭都有很大的关系，所以要治愈自己，首先要去觉察自己的原生家庭，是父母的哪些行为导致自己形成了如今的个性，然后才能有意识地去纠正自己的思维和行为模式。比如一个被否定过多的人需要重新去看待自己早年接受的教育模式，去审视一下自己内心那种渴求他人认可的模式是否是早年不良的教育模式引起的。如果你是因为早年未能获得认可，所以对获得认可有贪婪的渴求，那是因为你在极力地弥补早年的缺失，而生命如果一直被这种缺失捆绑，就会严重地影响自己的成长和外部关系。

当然了，要走出原生家庭对自我的禁锢，就一定要摆脱原来塑造的一些舒适区，突破自我的恐惧区，比如原来觉得一旦有人对我不满或者评价不好，自己就感觉天要塌了，便有灾难发生了。那先不妨尝试去试几次，看看即便是我引发了别人的不满或者不好评价的情况下，看看天有没有塌下来，你所幻想出来的"灾难"有没有真实的发生。

　　我们要清楚地知道，你内心的那些恐惧更多的是父母行为导致的结果，但现在我们面对的对象是世界上的其他人，并不是人人都像自己的父母，一旦不能达到他们的要求，就会遭到严厉的斥责。就算遇到过斥责自己的人，你也要意识到，自己是个成年人了，不再是个孩子，有自己独立的意识，完全有力气捍卫自身的利益和观点。

　　其四，要知道，别人对你的喜欢和接纳并不是建立在你必须做些什么的基础上。讨好者都有一个根深蒂固的思维模式，那就是我必须要顾及对方的感受，必须要为对方做什么，对方才会喜欢我。这种思维的背后是无法接纳自己，无法真正地爱自己和肯定自己造成的。实际上，交际场上的真相是，你无需去在意别人喜不喜欢你，是否接纳你，你只要自己喜欢自己，接纳自己，你便会发现全世界也会接纳和喜欢你，因为即便世界上还存在一些不接纳或不喜欢自己的人，那也不是什么大不了的事。

　　对于讨好者来说，你讨好的行为越多，将独立"自我"成分扼杀的也就越多，可以说你的每一次讨好，都是对"自我"的践踏，就算你赢得了全世界人的"好感"，最终还是无法成为一个幸福和快乐的人。所以，当你试图去讨好别人时，不妨提醒一下自己：这个行为是在践踏和弱化"自我"，我一定要做一个窝囊畏缩的老好人吗？还是勇于喊出自己的需求，为自己顶起一片天，痛痛快快地自己做自己的主人？

敏感者的"内伤"：别人的一举一动都使我紧张

内心敏感是典型的情绪界限感模糊的表现之一。内心敏感者极为在意他人的一言一行，无法将他人的行为与"自我"划分开来，总觉得别人的一切都是在针对自己。让我们来听听他们的自述：

"那个时候自己还太小，父母感情不好经常发生冲突，每次听到他们吵架，心中就极为不安和害怕，有很多次，他们在激烈的争吵后，开始在房里大声说要离婚，妈妈总是威胁爸爸说，要带着我永远地离开他。还有无数次，他们争吵后，妈妈就离家出走，好几个星期都看不到她……那时候的我真的害怕极了，生怕被他们抛弃，也生怕妈妈再也不回来了……如今的我已长大成人，但还是害怕与他人发生冲突或矛盾，也总是害怕被人不认可和不接纳，于是总是活得小心翼翼，别人一句话都会让我不停思索：我是不是哪里做得不够好？是不是哪句话说错了？……那种感受真的痛苦极了！"

"自小成长在不和谐的家庭氛围中，每天放学回家都战战兢兢的，总是会在课堂上猜测父母今天的心情如何，自己该做些什么才可以让父母开心……这种心理一直伴随着我的成长。后来参加工作了，与同事相处时，总是充满了担忧和焦虑，别人不经意的一句话便会让我思考很久，看到朋友圈带有情绪的话，就认为对方是在故意特指我，轻易地对号入座，甚至在公司看见两个同事窃窃私语，就会主观地认为对方一定是在说我的坏话，不然，为什么不和我一起说……他们早上上班时的脸色不好，我都会联想到是不是自己的过错……"

"在父母眼里，我就是个'错误'的代名词，因为在他们眼里，我无论做什么，做得再努力再出色，都会遭到他们的否定甚至斥责和嘲讽……让我做什么都战战兢兢，从来不敢去挑战自我，生怕做错被他们训斥……这种状态一直持续到现在，如今的我一遇到麻烦或事情，就会陷入极大的恐惧和焦虑中，哪怕是在别人看来不起眼的小事，我都会忧虑得整夜睡不着觉……"

实际上，我们身边也有类似于他们的人，长了一颗敏感脆弱的心，稍一碰就"破碎"。他们感觉敏锐，对"自我"与"他人"之间的界限模糊不清，很容易因为外界的悲观反应而影响到自己，或者说遇到一丁点儿不顺心的事，内在就会酝酿出情绪风暴，心中极容易滋生出恶、恨、嫉妒等一系列的负面情绪。同时，他们与人交往时，有着极弱的界限感，所以极容易因为别人的话而心生忧虑，别人不经意间的一句话便会让他们思索良久，别人一个无心的动作便会让他们思索对方是不是在说自己坏话，在针对自己，自己究竟是哪方面出了差错，很容易对号入座……当然，一个人个性敏感，并非是天生的，而是后天一系列的因素形成的，尤其是不和谐的原生家庭氛围是滋生敏感个性的温床。比如那些自小生活在父母争吵环境中的孩子，总是被父母否定、训斥和嘲讽的孩子，自小缺乏爱，父母总是回避或忽视他们内心感受的孩子，长大后就很容易变得敏感和自卑。不和谐的原生家庭，父母不够稳定的情绪，突如其来的家庭变故等，都会导致孩子长期处于紧张的情绪中，他们总是患得患失，总是会猜测父母今天的心情如何，自己做些什么才可以让父母开心，如何才能不被父母抛弃，如何才能不让他们分开等等，他们一直不停地思考，为了体察家庭中的一切，他们的神经系统必须高度紧张，久而久之，便形成了脆弱与敏感的心理。

今年35岁的安妮是一家企业的职员，是个极为敏感的女孩，所以总是极难结交到好朋友。如今的她都工作好多年了，但对别人讲的所有的事情还是过度敏感。在平时的生活中，她说自己根本无法按照字面意思去理解别人说出的话，总觉得对方在有意无意地嘲笑、讽刺或针对自己。在工作中，同事一句无心的话，便会让她难受好几天。尤其是领导跟她讲话时，她总是会想东想西，总是会忍不住去猜测领导话语背后的意思，不仅白天想，而且到了晚上躺在床上还是忍不住会去琢磨……总之，任何事情都能让她想出一些不好的可能性，无尽的焦虑、煎熬和痛苦总是围绕着她，她真的觉得自己已经撑不住了。

在谈及自己眼下的经历时，安妮表现得很坦诚，但当心理咨询师问及她童年的经历时，她却表现出沉默的态度。后来在心理咨询师温和的试探和引导下，她才勇敢地说出了自己以前的经历。她说，自己对童年最深刻的记忆就是父亲对她的嘲笑。父亲是小学代课老师，总是希望自己的孩子能智力超群，学习成绩能名列前茅，可小时候的安妮却是个反应有些迟钝的女孩，学习成绩总是不及格，这让她的父亲难以接受。于是，便总是嘲笑她说："你的智商那么低，一定不是我的女儿！""看看你，怎么那么愚蠢，动物都比你聪明！"……那时安妮只有不到十岁，这让她很是受伤。对于那个时候的她来说，在挨打和嘲讽之间，她说自己一定会选择挨打，因为挨打后的伤痕是看得见的，至少还能招来其他人的同情。但是责骂则会让人内心受伤，关键是寻求不到外界的任何安慰，甚至根本没有人将那些伤害放在心上，他们以为一个小孩子没有记忆，也不会将那样的话放在心上。可对于安妮来说，被侮辱和否定后那种精神上的撕裂感真是让人难以忍受。

身为父亲的嘲弄对象，安妮竭尽所能地去掩饰自己无能的感觉。在被父亲不断"否认"的环境中长大，安妮做什么事情或说什么话都可能是战战兢兢，不自信的，为了避免被父亲嘲笑或讽刺，她的神经末梢一直都是暴露在外的，在这种持续性的紧张环境中，安妮总会觉得有人要伤害和羞辱自己。她的过度敏感、羞怯以及对别人缺乏信任也是她努力保护自己不受到伤害的必然手段，但同时也是毫无效用的办法。

在现实生活中，多数家长在教育孩子的过程中，会忍不住说一些贬损他们的话，对其外表、智力、能力或作为人的价值进行语言上的攻击，比如他们会在心情不好的时候骂孩子长相太丑，根本不像自己亲生的，骂孩子愚蠢、没用等。人在发火的情况下，很容易忽视孩子的内在情感，不会考虑到他们的自尊心，也无视自己频繁的言语攻击对孩子尚处于成长中的自我意识所产生的长期影响。过后，他们会觉得他们的侮辱和谩骂没对孩子产生多大的影响，但是在孩子成年后，孩子会变得自卑、敏感与低自尊，这会对他们融入社会以后的人际关系产生极为不好的影响。

那么，在现实中，个性敏感者如何通过有效的心理干预去疗愈自己呢？

其一：用理性的"内在成人"来摆脱"内在小孩"的控制。

一个人的"内在小孩"，是其性格的一部分。由于这种性格特质，是通过童年经历和先天气质形成的，所以心理学家称之为"内在小孩"。而这个"内在小孩"的角色，在很多时候决定了我们的感受与行为方式，即便是在长大之后，我们还会形成一个"内在成人"的角色，而且对于一些问题的发生，也会有极理性的思考，可是我们仍旧被"内在小孩"所操控，因此生活中，很多人都会觉得："身为成年人这些道理我都懂，但仍旧改变不了自己。"因原生家庭而导致的个性敏感者，正是受困于"内在小孩"这个角色所形成的一系列要求和准则，然后一直以此去生活，但他们却从来不自知。所以，在生活中，敏感者可以通过"内在成人"这个角色去调整这一切。比如，当有人在窃窃私语，你觉得他们在说你时，这是你的"内在小孩"在控制你，当你意识到这些时，你要及时调动你的"内在成人"来纠正这一看法，你可以告诉自己：他们窃窃私语是他们的事，自己又没做损害他们利益的事，那根本不关我的事，我也不必去过于忧虑。再比如，老板找你谈话，只是交代了一下你下一步需要改进的工作方向，这时你可能会觉得老板是不是对自己以前的工作不满，是不是要找借口辞掉我呢？这是你的"内在小孩"在控制你，这时你可以立即调动你的"内在成人"来纠正这一看法，你可以告诉自己：自己以前的工作虽然不出色，但也并没有犯什么错，老板为我指路，就是希望我能把工作做得更出色，接下来我只需要持续地改进自己的工作，为公司创造效益，一定会获得老板的青睐的……你如果能一直坚持这么做，久而久之，你就能够扭转身上的敏感特性。

其二：做真实的自己，全面地接纳自己。

高敏感的人通常都是低自尊者，他们对自己的能力不够自信，缺乏安全感，总是怀疑自己是否足够优秀，是否能获得他人的接纳。这种怀疑和担忧的本质是无法接纳真实的自己。对于个性敏感者来说，你要清楚地知道，每个人都是不尽完美的，包括自己在内，自己的敏感主要源于对自身条件的不满，因为这种不满才会让自己不断地打压或否定自己。所以，我们要消除这些疑虑，就要接纳自己的不完美，不够优秀，接受与期望中的自己的落差。当然这并不意味着不求上进，不思进取，而是在努力的过程中认识到自己在一点点地进步，从而获得自信，虽然自己还未达到期望的样子，但自己在慢慢变好。

其三：大胆把自己内心的感受说出来。

个性敏感者总是喜欢对别人的言行进行过分解读，一旦解读出不好的信息，就会产生不好的心理感受。而解决这一问题的办法就在于，你要大胆地将你内在的心理感受说出来，让别人知道。比如别人开玩笑说："你怎么不说话呢？难道是表达力欠佳？"

这个时候，你不要过度地猜测别人是在鄙视你，还是关心你，而是大胆地表达自己的感受："我觉得没有必要表达就不说话了，你尽管表达你的观点就行了呀！"

大胆说出自己的心理感受，让别人知道你的想法，你也更进一步知道别人的想法，这样信息就会表现得更具体，你也没机会把信息放在心里让自己去分析。

其四：懂得移情，停止去纠结。

当你因为敏感而产生一些灰暗或消极的想法时，就要懂得移情，即让自己的注意力转移到其他想法上。切勿让自己长时间地陷入一种想法中，因为当我们专注于一个想法时间越长，大脑就会不断地搜集相关的一些"证据"去佐证这个想法，加深我们对于想法的印象。所以，在生活中，当你发现自己深陷于一种想法时，那就让自己暂停，学着转移注意力，找些其他的事情或去思考一些有助于个人成长的想法。

总之，对于敏感者来说，一定要懂得正确地爱自己。无论别人如何不理解你，无论别人如何看你，这些都不重要，重要的是你一定要学着去爱自己，去接纳自己，去做真实的自己，尽力去找到自己所热爱的事情，并投入其中，建立属于自己的价值，找到自己存在的意义，当你成为更好的自己时，所有的关于他人的看法或对你的态度等都会变得无关紧要！

培养情绪的界限感：别将快乐的钥匙交到他人手中

生活中还有一种界限感模糊不清的现象，就是我们的情绪很容易随着他人的行为或情绪的变化而发生变化。同时，他们也极容易将自我快乐的钥匙交到他人手中。

在我们身边常听到这样的抱怨："我过得不快乐，是因为朋友误解了我。"他其实是没能与朋友的情绪划清界限；一位员工说："我今天很烦躁，被客户坚决地回绝了！"他其实是把快乐的钥匙交到了客户的手中；一个男人说："真是丧气，老板总是对我冷言冷语，工作真是太过压抑了。"他把快乐的钥匙交到了老板的手中；年轻人从商店出来，气愤地说道："那商店老板态度恶劣，真是把我气炸了。"他把快乐的钥匙交到了商店老板的手中……生活中，多数的人都在做同一件错误的事情，就是让他人来控制自己的心情，他们无法将他人与自我中间划出一条清晰的情绪上的界限，于是，便会在工作和生活中不停地抱怨、随意地发怒，有些人甚至患上了忧郁症，在悲观、怨恨和烦躁中一蹶不振。

哈伦斯是一家著名杂志社的心理学顾问，一次，他与朋友一起去一个报摊买报纸。交完钱，那位朋友礼貌地对卖报人说了一声"谢谢"，但是对方却阴着脸，态度极为冷淡，没有一句客套话。

"那个家伙真是讨厌极了，不是吗？"在回家的路上，哈伦斯问道。

"是啊，他每次都这样，很少对人笑。"朋友漫不经心地说，丝毫没有生气。

"那你为什么还要对他那么客气呢？"哈伦斯有些疑惑了，他为朋友打抱不平。

朋友则只是微微笑了一下说道："我为什么要让他决定我的行为呢？"

一个内心成熟、淡定的人，会懂得牢牢握住属于自己的快乐的钥匙，他不会期待别人带给他快乐，反而还能自我掌控情绪，并将快乐和幸福传递给他人。这样的人，时刻都是自我情绪的主人，不以外界的人和物的影响而悲喜。因为在他们心中"自我"是独立的，别人的情绪与"自我"之间也是有界限的，所以，任何人与事都难以撩拨动其内在的情绪。

一天，张苏因为与同事关系不好，心情烦躁，就去找自己大学的老师聊天。刚见面，张苏就表现出一副愁苦的样子，向老师感叹自己虽然满腔抱负，但因为在工作中表现得太过积极和热心，总受到那些混日子同事的指责和排挤。

老师听罢，哈哈一笑，沉默不语，只是端盆水果递给他吃。张苏因为心情烦躁，就摆手说自己平时不爱吃水果。老师还是递给他，张苏仍旧摇着手不接。老师仍旧微笑着，放下果盆后对他说道："看看吧，你不接的话，我还得收回来！就像别人在背后指责你，你如果不为此所动的话，话语不是还得被说话者收回去吗？"张苏猛然醒悟，别人的指责和谩骂，如果自己不当回事的话，对方怎么能伤到自己呢？恐怕伤到的只是他们自己吧！随即，张苏立即对老师的智慧感到敬佩。

的确，为他人的言行去生气，是拿别人的错误惩罚自己，是界限感模糊的表现。实际上，别人对你的冷漠也好，恶语相向也好，其目的就是让你难受、生气、愤怒，如果你果真生气了，不就让他人正中下怀吗？而如果你在与人相处时有清晰的界限感，将别人的生气或愤怒当成"他自己的事"，自己不去过分地理会，那我们自然就不会受到惩罚了。要知道，我们在任何时候都无法阻挡别人的行为，唯一能把握的只有自己。快乐的钥匙始终在自己手上，请别轻易将它交给别人！

受害者心理：你若不满足我，我就让你看到我的痛苦

"你若不满足我，我就让你看到我的痛苦"，是一种典型的受害者心理，也是典型的一种界限感模糊的表现。拥有这种心理的人，常通过这样的一种状态让周围的人感到难堪和不解：一段关系中明明谁也不欠谁什么，但他们总能将自己痛苦的原因，完全地归结为他人。在他们的观念里，一切坏的、不好的、负面的结果都是对方造成的，而自己只是没有任何责任的可怜虫。从实际上讲，他们将一切不快乐与不幸福的原因归咎于他人，使自己能暂时性地获得同情、安慰甚至照顾，根本是因为内在自我的匮乏与人生掌控能力的丧失。他们通过转嫁责任告诉别人：因为我是受害者，所以我无法做任何让自己更好的改变，这是情绪上的自我界限感模糊。

今年25岁的张楚喜欢上了公司里的一位男同事，打听后得知这位男同事依旧是单身时，便鼓足勇气向对方不断地示好。而那位男同事则完全是因为同僚的原因，向张楚的示好只是全盘地接纳，而不知道对方对自己有好感。后来，在情人节那一天，张楚便鼓足勇气向那位男同事表白了。而那位男同事完全懵了，最终以"抱歉，我不太喜欢你这种类型的女孩"为由回拒了她。

遭到拒绝后的张楚觉得自己痛苦极了，于是整日向其他同事诉

苦："虽然我不是他喜欢的类型，可我为他付出了那么多，他为何如此绝情地拒绝我呢。我这是头一次喜欢一个男生，就遭拒绝，我是不是没有一点魅力？我是不是不值得任何人爱啊？我真是倒霉，以后可能再也不会主动去爱别人了！"其他同事听到这话，便都去指责那位男同事："你真够绝情，人家头一次恋爱，你就是不喜欢人家，也不能这么折磨她吧？她已经对爱情绝望了，你让她今后怎么办？"

那位男同事也有自己的苦："我什么也没做呀！是真的不喜欢她然后拒绝了她而已，她就到处嚷嚷，让所有人知道好像我真的对不起她似的！"

拥有受害者心理的人，在人际交往中缺乏界限感，他们总会事先在一段关系中错位地将他人调置成施暴者，而自己则一直保持受害者的身份，完全没有任何责任，全世界都在欺负或亏欠她。一个人一旦进入"受害者"思维模式，就会把他人或外界投射为"加害者"，把自己和外界对立起来，然后以痛苦的状态进行"自我攻击"，这是一种不健康的心理状态。那么，受害者心理究竟是如何产生的呢？其实，可以在他的原生家庭中找到答案。

根据玛格丽特·马勒的观点，拥有受害者心理的人，其本质是通过内在的自我攻击来向对方索取，其心理状态与处于共生期的婴儿极为相似。处于共生期的婴儿就是通过哭闹等自我伤害的方式来向妈妈索取吃喝拉撒、关注和爱等各种需求。这个时期婴儿的需求若能从母亲那里获得满足，则会顺利地进入下一个分离期。而如果婴儿在6个月至3岁之间的分离期受挫时，他便会自然地退缩到共生期。这也意味着，受害者心理产生的根本原因，是其在分离期的时候，因为某些原因未能与妈妈顺利地分离。比如，孩子在平时很少受到妈妈的关注，而在他走路摔倒时，妈妈会上前将孩子抱起，给予抚慰和亲吻。这让孩子懂得，受伤是获得额外关爱的机会：我受伤了就会获得爱和额外的关注，这让孩子形成了受伤后即能获得补偿的心理。这种行为模式伴随着他的成长，但其心理状态却一直停留在共生期。直到成年之后，不会再有权威人士对他所受的伤出手相助，而他也不能对寻求公平和保护的自怜情绪加以有效的控制，最终演变为受害者心态。拥有这种心态的人，不但没有改变现状的能力，而且还总是习惯将自己定位为情境中的"受害者"以逃避责任，日常生活中也往往表现得极为消极和被动。

被"受害者"思维模式和心态控制的人，其心理状态还处于共生期，他们可能因为在分离期受到妈妈或抚养者过度的保护，而未完成与抚养者的分离。所以，他们没有成为拥有独立意识的"自我"。一般表现在以下几个特征：

1. 拥有自毁与悲剧的个性；

2. 潜意识中里从不相信自己，并且还暗含着对自己人生的全面放弃。拥有受害者心态的人，不相信自己有能力对自己的人生做出改变，所以他们会责怪任何一个人或者"一群人"，只有他自己完全免于责难。所以，他们遇事时很容易陷入情绪的泥潭中：不负责，不行动，也因此错失任何让自己变好的改变。这种看起来能够使人获得更多情感关注的心态，实际上暗含着对人生的全盘放弃。

3. 以爱之名施虐，以听话之名受虐。

4. 在一段关系里是重度依赖的那一方，并且把自己的快乐痛苦悉数依附在别人身上。在亲密关系中，拥有受害者心理的人会过于依赖对方，会使对方很想逃离。而他人的逃离，正好就成了拥有受害者心理的人发泄一切的借口。他们完全拒绝反省自己在一段关系中的角色和起到的作用，而是把自己一切喜怒哀乐的缘由都怪到对方身上，让人痛苦不已。

那么，拥有受害者心态的人，该如何自我疗愈呢？

其一，关键是让自己的心灵获得成长。受害者心态产生的根本原因是心智不够成熟，他们在早期的原生家庭中因为各种原因未完成与母亲的分离，未成长为一个拥有独立意识的个体。所以，如果想从根本上摆脱这种心智模式，就要在后天努力使自己的心灵获得成长，使自己的心智在承担责任和直面痛苦中获得成熟。正如美国作家派克在《少有人走的路》中讲到的：心智成熟是一个漫长且艰辛的过程，只有勇于面对生活中遇到的各种问题，敢于主动去承受痛苦，才能解决人生的问题。换言之，一个人要想成为一个拥有"自我"意识的成熟的人，就要在遇到人生的难题时，主动承受痛苦，并着手想办法去解决难题，而不是通过一味地抱怨周遭的世界和他人去逃避痛苦。

其二，在愤怒地责备他人时，将事情一团糟糕的责任归咎于他人的时候，要学会自我质疑：难道我自己就没有责任吗？自己是否真的是在精神上虐待他人，并以此为借口来逃避自己的责任。久而之久，你的内心便会变得强大起来，你便会懂得自己要为自己的行为负责任。

焦虑型依赖症：缺爱者的内心挣扎

在现实生活中，我们常会见到类似于这样的抱怨：

"在生活中，我总是与男朋友闹矛盾，他说我简直太黏人了。每次打电话过去如果他不接，我就会陷入慌乱之中，不停地担忧他是不是出车祸了，他是不是和其他女孩在一起不方便接我电话！为了不让自己过于担心，我曾要求男友主动向我报告他的行踪，这激怒了他，果断地跟我分了手……如今的我，真的痛不欲生！"

"我生下来就不被父母喜欢，因为他们有严重的重男轻女思想……从小我就渴望着早点儿离开家。大学毕业后，我就结了婚。老公比我大好多岁，事业有成，婚后他就对我说，你不用工作，我来养你，我想都没想便答应了！……可接下来的日子让我彻底陷入了空虚、恐慌与无助之中，我每天早上送老公上班，下午早早到他公司楼下接他，他如果晚上加班，我就在他公司楼下等他，时间一久，这让老公感到厌烦，说我太过黏人……"

"刚与女友恋爱不到半年，我非常享受和她在一起的时光，每到星期天我们俩就会腻到一起。可是上个星期天，她没来找我，我内心极为失落，打电话过去，她说和闺蜜在一起逛街。我心情沮丧极了……晚上她打电话给我，我一直都没接，说实话，我在为她白天没陪我而怨恨她……一会儿，她打车过来找我，问我为何不接电话，我故意气她说：'不想接！'她很生气，我们吵了一架，我威胁她说分手，她二话没说，直接离开。那一刻，我真的痛苦极了，我知道我所做的一切都是为了气她，来获得她对我的关注，但她却不理解……我自小父母不在身边,跟着奶奶长大的我自小便觉得孤独异常,爱的匮乏让我屡屡在亲密关系中受挫,痛苦不堪……"

"在印象中,父母每天都很忙碌的样子,所以我经常在父母那里被忽略,得不到应有的关照。可是突然有一天,我因患病而从父母那里得到了自己渴望的关心、照顾、陪伴和疼爱。之后不久,因为我恢复健康,父母的爱便慢慢地离我而去,我忽然感到失落和伤感,过去受忽略和不被关心的状态再次恢复到从前……这让我自小产生了这样的意识:还是生病好,生病虽然身体上痛苦,但却可以换来父母的关心和疼爱,心灵上便可以获得慰藉。于是,有几年时间我经常会生病……每当看到父母为病床上的我感到焦急时,我就会产生一种莫名的幸福和快乐感……后来结了婚,老公每天都很忙的样子。我心里很慌乱,觉得他不爱我了,所以就经常会以'生病'的方式来黏着他,来检验他对我的感情……"

以上都属于焦虑型依恋者,这些人都有一个共同的特点,即在亲密关系中极度渴望依赖别人,极度渴望亲密和陪伴,要求与爱人随时保持联系,甚至要求对方频繁报备行踪。这是界限感模糊的重要表现之一。在处理亲密关系时,他们常会以不回信息、电话等方式,故意引对方产生嫉妒心理,或者威胁要分手,以此来获得对方的关注。一旦对方未能满足自己,或者感受到对方对自己关注不够时,便会感到伤心、难过、愤怒和焦虑,会为了维持彼此间的联系,而放弃自身的需要,以讨好伴侣。极为害怕被抛弃,独自一个人时会觉得不自在,受到一点冷落,就会产生被抛弃的失望感和焦虑感。就像创伤的强迫性重复一样,焦虑型依恋者很容易被回避型人格吸引。他们在与回避型人格的人交往过程中,对方的若即若离感,让自己产生的那种焦虑和不安的感觉,和小时候原生家庭父母对自己若即若离的感觉极为相似,这种熟悉感,既让他们无法抗拒地被吸引，又让他们感到极为痛苦。

通过焦虑型依恋者的陈述可以看出，他们在亲密关系中有以上的表现，与在原生家庭中缺爱有关。从心理学的角度出发，在原生家庭中，一些父母或者养育者，无法持久地满足儿童的需求。在孩子3岁之前的阶段，多数父母很容易会认为，怎么对待孩子都可以，反正他们记不住。在孩子哭闹时，他们有时候反应及时，有时候反应迟钝，一会儿去哄，一会儿便不予理会。这种对待孩子的方法很容易导致严重的心理问题，因为在孩子眼里，父母对自我需求的反应是不稳定、不可预期的，这就会让儿童陷入困惑和不安中，他们不知道该期待被如何对待。所以，诸多孩子在感到悲伤和愤怒的同时，选择的解决办法就是黏住大人，这就形成了具有焦虑型依恋心理的儿童在与父母互动时的应对策略。这种影响会一直延续到他们成年时期，尤其是对他们的亲密关系会产生重要的影响。比如，他们从伴侣身上感受到的不是爱和信任，而是一种"情感饥渴"，他们总是希望对方能够拯救自己，或使他们变得更"完整"。尽管他们极度渴望与人亲密，但却总是怀疑和恐惧对方并不想达到同等的亲密。

另外，焦虑依恋型人格的人因为童年时期未能获得父母对自己的关注和照顾，长期处于被忽略或被抛弃的恐惧之中，这种恐惧被称为原生情绪。在一些情况下，这些人为了保护自己免受原生情绪的困扰，可能会产生出所谓的次生情绪来进行自我保护。有的人会愤怒地抗议和抗拒他人，有的人则会产生焦虑情绪，向父母发出既依赖又抗拒的信号，以此来确保对方的持续关注。还有的人会表现出冷漠无情的一面，让对方感到"我不需要你"，并以此来保护自己。这些情绪会让伴侣感到你占有欲强、爱管闲事或觉得他们对人缺乏信任、经常拒人于千里之外。由于伴侣根本不明白他们内在的心理动机,所以很难用有效的方式给予回应,而只会回应他(她)表现出来的次生情绪。所以,拥有焦虑依恋型人格的人,在洞悉到自己内在的心理动机后,就要懂得及时与伴侣进行沟通和交流,告诉他(她)你内心的真实想法,以免矛盾重重。

凌薇和男友相处有两年了,当初她为了男友放弃了在老家考公务员的机会,因为她担心距离会将他们分开。

两年来,凌薇觉得自己已经对男友林枫付出了百分之百,但却觉得男友对自己越来越冷漠了。每天下午只要一下班,她便会第一时间到林枫单位门口等他,两人一同回到家中,凌薇还会主动下厨做他最喜欢吃的饭菜,星期天则会承担所有的家务。但这些付出丝毫不能打动对方,觉得他离自己越来越远了。于是,凌薇经常会冲男友发脾气,表现也异常焦虑。

对此,林枫也很委屈,经常对朋友这样抱怨:"我们不在一起的时候,想起她为我做的一切,确实让人很感动。但是只要我们在一起,我就觉得特别烦她,总是唠叨个没完,在他面前我丝毫没有自己的空间。周末我很想和同事一起出去打打球、爬爬山,但是她非拉着我去逛商场;晚上下班回家,我只想去和几个好哥们儿喝点酒,可是她非要跟着我,一会儿不让我做这,一会儿也不让我动那,真是让人太压抑了!"

凌薇的闺蜜劝她要懂得给对方一点空间,这样才能让他对你死心塌地,但是凌薇总觉得自己并没有做错什么,她觉得自己那样做,无非是想给对方多一点的爱。

就这样,几个月后,林枫终于向她提出了分手,理由是:你给的爱确实太沉重了,令人无法呼吸,我实在是承受不起。面对如此沉重的打击,凌薇哭得很是伤心,苦苦央求林枫不要离开她,还骂林枫太忘恩负义,自己付出那么多,却不懂得感恩……

　　凌薇是典型的焦虑型依恋人格，她整天黏着男友，实际上是为了追求一种稳定的安全感。她时常用愤怒和焦虑来掩饰被人抛弃的恐惧感，也常以此来表达内心对于安全感和被关注的诉求。按照正常的心理发展，如果凌薇在原生家庭中获得了父母足够多的爱，那么她在与男友相处的过程中，会去寻找"自我"精神的独立，在恋爱中充分享受愉悦和幸福的同时，会专注于自我人格的完善和心灵的成长，而不会通过黏住男友获得安全感。这个时候，如果凌薇能洞悉到自己属于典型的焦虑型依恋人格，并能清醒地知晓造成这种个性的根本原因，并能与男友及时沟通和交流，让他了解自己的成长经历是如何影响自己的，包括具体有哪些重要事情塑造了自己当下关系中的习惯和行为，以及自己在做哪些事的时候，是自己的愤怒、焦虑或疏离情绪在作祟，同时让对方知道当你做这些事的时候，真实的内在情感是被抛弃的恐惧，而不是对对方的嫌弃、不信任或者攻击。

　　同时，凌薇也可以与男友说明她那些"黏人"行为的内在心理，让男友体谅自己。当他们去共同面对时，就不会出现以上的悲剧了。那么，除此之外，焦虑型依恋人格的人还有哪些方法去治愈自我或让自己避免在亲密关系中遭遇痛苦呢？

　　其一：与内在缺爱的"小孩"进行对话，并去安抚他。

　　具有焦虑型依恋人格的人，其根本原因在于缺乏爱，小时候自己的需求没被满足。所以，要从根本上治愈自我，就要学着与内在那个缺爱的、可怜的"小孩"产生意识联结，并与他进行对话，用话语去安抚他。

　　其二：通过小的行动慢慢去尝试和改进。

　　对自我人格、情感模式和行为进行自我控制的最重要前提就是自我认知的反思。当你清楚地了解自己的问题，并知道如何形成，会有哪些习惯性的反应等，才能够有针对性地进行改变。比如，你可以学着将一张纸一分为二，在左侧列举一些容易触发你焦虑型依恋的场景，这些场景里你的情绪、想法和行为，然后在右侧列举理想状况下你认为最好的、最能够安抚你被弃恐惧，也最有利于关系的结果。然后，你可以问自己：左边的部分，右边的自己，是否真的可以联系起来呢？比如左边写的是男朋友信息不回复，你便怀疑他和其他的女孩在一起，于是你打电话过去抱怨和争吵。这样的行为可以让你的伴侣了解你的担忧，能够促使他自愿给予你安抚和积极的回应吗？愤怒和焦虑往往可以在当下为自己争得更多的注意力，但是从长远来说，这种强迫性的索取，并不利于双方形成亲近和敏感的回应模式，而是会让一切亲密行为看上去都像完成任务一般。

同时，在你打电话给对方，对方不接时，你会显得异常焦虑和愤恨，这个时候，你可以暂时让自己停下来，试着去给他发短信告诉对方你的焦虑感又产生了，希望对方知道，而对方如果真的爱你的话，会一改之前对你的敷衍态度，会鼓励你勇敢地直面焦虑，给予你情感上的理解和支持。这样的新互动模式，会为你带来新的体验和情绪反应，慢慢地，你就会对他产生信赖感，从而让自己的焦虑一点点地减少。

向他人索要"幸福"者：我的快乐总被别人掌控

在现实生活中，有很多人觉得自己是否愉悦或者幸福，与外界的一切密切相关，觉得幸福就是"别人给予我什么"。于是，他们不断地以"情感勒索"的方式向他人要幸福，否则就呈现出痛苦的状态。这种界限感上的模糊，致使他们的快乐总被别人掌控。实际上，真正的幸福和愉悦，是内心滋生出的一种力量，那是一件只与自己有关的事。幸福不在于你能从外界获得什么，而是内心对于外界事物的感知力。一个无幸福感知力的人，他从外界获得再多，都难以真正地幸福。一个能够感知幸福和快乐的人，无论他多么地贫困和平凡，无论别人以怎样的态度对待他们，他们都是幸福和快乐的。

生活中，很多人认为，自己之所以过得不幸福、不快乐，就怪父母无法庇荫自己，怪自己的成长过程不平顺，怪家中的老公不够体贴自己，孩子不够听话……他们怪周围的一切拖累了他们，就是不从自己身上找原因。他们一直在责怪别人，将怒气发泄在令他们感到不爽的人与事上面，而从不在自己身上找原因。这种情绪上的模糊界限感，致使他们将人生的幸福和快乐寄托在他人身上。

张霞是个活得异常洒脱的人，她有一颗能时刻保持愉悦的心，生活中无论遇到怎样糟糕的事情，比如孩子考试不及格、老公没本事，自己被领导批评了，她每天都能快乐的生活。每天的晨跑，她迎着早上升起的太阳、凉爽的晨风，在她眼里这些都是快乐的。

有朋友问张霞："你难道不会因为生活中不顺心的人或事而感

到心烦吗？"张霞轻轻一笑说："别人不开心那是别人的事，跟我有什么关系呢？如果遇到不顺心的事，那我更不必烦心了，事情已经那样糟糕了，我就是表现出着急、紧张、郁闷、痛苦……有什么用呢？何况，孩子乖巧懂事，丈夫对我很好，我又没有下岗，为什么不快乐一点啊？快乐是一天，不快乐也是一天，当然要快乐，我们要享受生活嘛。"

对于张霞来说，她活得极为通透在于其始终能与周围的人与事保持应有的距离和界限，不会让它们来影响自己的情绪。对于她来说，幸福不是被别人掌控的，而是自己心中滋生出的一种能量。她自己有一颗积极乐观的心，她有足够的自控力让自己活得好，而且懂得解决生活中的疑难问题，更懂得用理智与平和去面对生活中可能出现的波折。

的确，能够掌控自我幸福的人，一般都有着极为成熟的个性，他们是独立的个体，有独属于自己的精神世界，不会为任何事情去扭曲自己的意愿，所以，不会因为外界的任何人与事将自己置于不快的情绪中。对于他们来说，幸福的桨已经被他们牢牢地握在手中，没有人能够夺走，所以他们能够度过人生中必然会有的惊涛骇浪，找到属于自己的生活节奏。更为重要的是，他们富有智慧，懂得取舍，能时时地对自己所拥有的感到满足与快乐，他们还有强大的感知力，能够对生活中极为普通且常见的事与物感到幸福。

今年 37 岁的莲娜曾经历过两次失败的婚姻，而且每次都因先生的出轨而收场。她曾向朋友哭诉她第二段婚姻失败的经历。一次她在出差后提前回家，发现丈夫和另一个陌生女人亲密地在一起，当这一幕映入她的眼睑时，她全身开始不停地颤抖、歇斯底里尖叫的同时，心中浮现一个充满仇恨的声音："看，你又失败了，你为这个男人做了这么多，他还是辜负你！怎么会这样，命运在诅咒你！"当她企图抓起身边的抱枕扔向丈夫时，她在无意间看到了镜子中的自己。镜子里面出现了一张愤怒而且扭曲、丑陋的脸庞。此时，另一个声音在她耳边响起："如果我是男人，也不会爱你！"

她的内心忽然平静下来，她开始意识到：连自己也不喜欢自己，凭什么要别人一辈子忠心不渝地守着自己呢？她发现，她的人生困境不在于丈夫是否有外遇，也不在于婚姻失败，最根本的是，她一点也不喜欢自己的生活，多年来，自己好似一条奄奄一息的鱼，被困浅滩。婚姻的重复失败只是提醒她，别以为得到婚姻就可以让自己走出人生困境。

对于一个女人来说，如果自己都不能让自己快乐、幸福，自己在生活中都难以找到乐趣，不尝试着去改变，只是一味地责怪、抱怨有东西阻止她的快乐，那以，她嫁给谁都不会幸福。

有这样一句话："有一种女人，不管她嫁的是建筑工人还是国会议员，她都有能力让自己过得幸福。"真正长久的幸福并不源于外界，那是一种心灵的力量，而要获得这种力量，就必须要把握好与周围人或事的界限感。这种力量未必如惊涛骇浪一样冲击着我们，也未必如泰山压顶一般震撼着我们，或许只是"随风入夜"的"淅沥春雨"，只是"似阴似雨"的"习习谷风"，便足以让我们的心田温暖润泽，熠熠生辉，足以让我们的生活快乐惬意、光彩照人。

除了你自己，没有人能使你不快乐

生活中，很多人认为自己的不快乐都是外界或别人造成的，比如与人争吵后愤怒、生气，觉得自己的不良情绪完全是对方带来的。工作中遇到不公平，感到气愤难耐，觉得这是公司不健全的制度或环境造成的。孩子不听话，你并为此感到郁郁不快，觉得这是孩子带给你的……其实，这正是情绪上的界线模糊不清的典型表现。实际上，身为个体来说，你所感受到的所有的不快乐，其实都是我们自己内心发生的事情。你若对外界的一切置之一旁，不予理睬，它们就不会作用于你的内心。也就是说，这个世界上，除了你自己，没有人能够使你不快乐，你的所有的负面情绪，都只与自己有关，与外界的一切都毫无关系。

莫妮卡是美国一位军人的妻子，最近总被烦恼和痛苦缠绕，当下的生活对于她来说，莫不是一种煎熬。因为她随着丈夫从军，而丈夫的部队就驻扎在沙漠地带，住的是铁皮房，而且与周围的印第安人、墨西哥人语言不通；当地的气温高达45摄氏度以上，丈夫奉命上前线了，周围除了了无生趣生长着的仙人掌外，再无任何东西。孤独、郁闷每天都光顾她，使她愁眉不展，度日如年，其内心的痛苦无以言表。

无奈之下，她便与父亲写信，希望回家去。她打开盼望已久的来信，信的内容让她大失所望。父亲没有安慰她，也没有让她回家，信中只写了几行简短的字："两个人同时从监狱的窗户向外看，一个看到的是泥土，而另一个看到的却是星星。"

她开始失望至极，甚至还有几分生气。后来，她终于从父亲的几行字中找到了自己的问题：她过去总是习惯性地低头看，结果只是看到了泥土。但自己为何不学着抬头看呢？抬头看，就能看到天上的星星！而我们生活中一定不是泥土，一定会有星星！自己为何不抬头去寻找星星，去欣赏星星，去享受星星带给自己的灿烂的美好呢？

她终于想开了，也开始去做了。从此之后，她开始主动与周围的印第安人、墨西哥人交朋友，结果使她惊喜万分，因为她发现他们都是如此地好客和热情，慢慢地就成了好朋友，他们还送给她许多珍贵的陶器与纺织品作为礼物，她开始研究沙漠中的仙人掌，一边研究，一边做笔记，没想到那些仙人掌是如此地千姿百态，那样的令人着迷。在如此残酷的条件下，仙人掌竟然能够茁壮地成长，这种精神使她动容。她开始欣赏沙漠的日出日落，感受沙漠的海市蜃楼，享受着新生活给她带来的一切。令人惊讶的是，她开始仰头看星星，感受星空的灿烂。随即，她发现自己生活中的一切都改变了，变得使她每一天都仿佛沐浴在春光之中，每天都仿佛置身于欢笑之中。后来，她回到美国，根据自己的心路历程，写了一本书，叫作《快乐的城堡》，引起了极大的触动。

其实，莫妮卡周围生存的环境没有改变：沙漠、铁皮房、印第安人、墨西哥人、仙人掌，以及头顶的星空，都是原来的样子，但其前后的行为与心情却发生了极大的改变，就是因为她的心态变好了：过去她总是习惯地选择看泥土，选择看事物消极的一面。而后来她则习惯性地找星星，选择事物积极的一面。这个故事也说明，我们的个人情绪，完全是由自己内心的状态决定的，而与外界的一切关联性不大。所以，当你因为外界的某人或事而让自己陷入失控状态时，就要先去审视自己的内在，而不是将自己的负面情绪发泄在外在的人或物上。

艾布尔是纽约一家保险公司的业务员，事业上春风得意的他，对自己的婚姻却十分不满。尤其是最近一年多的时间里，艾布尔感到妻子艾伦脾气越来越恶劣，而且一天比一天不性感；不只对他表现出冷淡的态度，而且对他们的儿子也漠不关心。艾布尔看她每天都郁郁寡欢的，建议她去看心理医生，却遭到了她的拒绝。她坚持只要丈夫艾布尔能对她好一点儿，满足她的各种需求，她就不会这么沮丧和愤怒。事实上，艾布尔对她已经做得够多，但妻子似乎对他还不满意。他决定不再忍受妻子的蛮横，并且坚持地认为妻子是家庭不和谐的根源之一，并要求与妻子离婚！

是谁导致了艾布尔婚姻的不幸？是他的妻子吗？显然不是。在情绪产生的问题上，虽然外因很多时候是不良情绪的诱发者，但心理学家却认为这是由个人情绪上的界限不清所导致的。无论别人的态度与行为如何，自己的情绪皆因自己而起，自己才是自身情绪与不幸的根源。从艾布尔的事例上来说，妻子的确要为他的愤怒、沮丧负责任，但他却不能将问题的根源归咎于她。身为丈夫艾布尔，他不能要求妻子一定要按照他的意愿去行事，对方有权支配自己情绪的权利；而对于妻子来说，她将个人的快乐寄托在丈夫身上，以"自我的负面情绪"来惩罚丈夫对自己的"不付出"，这实际上是一种情感勒索。他们两人的根本矛盾在于他们都没能在夫妻相处过程中保持必要的界限感。

自身情绪障碍是由自身的思维、信念引起的，没有人使你不快乐，除非你自己愿意。所以，自己才是自身情绪的制造者。但与此同时，自己也是自身情绪的主宰者，你具有调节自身情绪、避免陷入不必要的情绪困扰、掌控与运用自身情绪的能力，这种能力叫作情商。一个高情商者，可以清楚地体察到自己的情绪，并懂得适时控制或调节，同时也能体察到他人的情绪，进而采取相应的应对方式，与他们维护良好的人际关系。这样的人是自我的主人，能主宰和支配自己的情绪，不会随意因外在的事与物而使情绪失控。

心理学认为，外界的事与物只有经过你内心的"作用"，才能真正地左右你。也就是说，外界无论发生什么，若根本走不进你的内心，那么也就无法真正左右你了。由此可得出这样的结论：无论在任何时候，愉悦的根基在自己身上，这个世界上，除了你自己，没有人或事能使你不快乐。所以，生活中，当我们遇到烦恼时，与其去抱怨环境、埋怨他人，随时向周围的人发泄自己的不快乐，不如去审视自己的内心，调整自我的状态，学着与自己和解。比如，你不妨去看一场电影，不妨去听一段音乐，不妨去唱一支歌曲，不妨去打一个电话，不妨去享受一下阳光……让烦心事见鬼去吧！要知道，为他人他事生气，是一种惩罚自己的行为。

另外，生活中，我们也不要将人生的愉悦寄托在外界的事物上，依附于世俗的认同上，百般地看中地位、财产，以及待遇、名誉等东西，若如此，你一旦失去这些，便会沉浸于痛苦中，幸福与快乐的根基也随之被毁灭。

第三章

出言有尺度，说话留余地
——口无遮拦，从来都不是率真而是愚蠢

做人的界限感和分寸感，更多的时候表现在说话上。《格言联璧》中有云："安莫安于知足，危莫危于多言。"意思是说，人生在世，没有比知足常乐不贪心更让人心安的了，也没有比言不经大脑乱说一通更危险的了。这告诉我们，遵循界限感和分寸感的说话方式，出言有尺度，说话留余地，不口无遮拦、信口开河不仅仅是一种修养，是高情商的表现，更是赢得好人缘的关键，也是让婚姻幸福、事业顺利、友谊之树长青的保证。

再好的友谊也经不起直言的"摧残"

说话失分寸，忽视朋友间的界限，一个最为典型的表现就是口无遮拦，直言直语。他们往往性情刚烈，也极为重情义，但就是性格太直，经常说话不经大脑，脾气又大，难免会伤和气。在现实生活中，他们却错误地认为对于亲密无间的朋友，话说重点没关系，因为彼此有着牢固的情谊，是可以互相包容和理解的，于是肆无忌惮地用最难听的话刺激与自己关系最密切的人，殊不知那些恶毒之语犹如插向朋友心头的一把把尖刀，造成的伤害往往是难以修复的。就算朋友心胸开阔，能够忍耐宽容，可是伤痕依旧在，双方的感情已经有了裂痕，即使冰释前嫌，也不可能和好如初。如果朋友是个敏感之人，一段来之不易的友谊就会毁于一旦，多少志同道合、肝胆相照的知己好友就是这样决裂的。

李锦和杨勇是一对非常要好的朋友，两人在一次产品展销会上一见如故，此后畅谈人生理想，彼此勉励，友谊日益增进。后来他们成了关系密切的同事，在艰难的岁月里，两人曾经荣辱与共、同舟共济，一起吃盒饭，一起熬夜加班，无论一方有什么困难，另一方都会毫不犹豫地施以援手。他们曾经认为这样铁的友情是永远拆不散的，可是现实却给了他们相反的答案。

李锦性格爽直，一向口不择言，想说什么就说什么，杨勇就是认为他不装假才愿意与其深交的，可是后来才发现自己越来越忍受不了李锦的怪脾气。杨勇生性敏感，自尊心强，他很在意别人对自己的看法，尤其是好朋友的看法。他一向尊重李锦，也珍视两个人的友谊，可是李锦却从不顾忌他的感受，总拿狠话伤他，起初他想朋友不过是刀子嘴、豆腐心，不是存心的，于是说服自己不予计较。可是渐渐地，杨勇发现李锦越来越变本加厉，有时竟拿自己当出气筒，莫名其妙地对自己冷言冷语，有时还大发脾气，他越发认为李锦不尊重自己，不过是把自己当成泄愤对象罢了。

有一次同事在一起聚会，为了尽兴，大家便想痛快地畅饮一番，李锦酒量惊人，有时一次就能喝好几瓶酒都面不改色，而杨勇则是滴酒不沾，起因是他有一个酗酒的父亲，所以他从小发誓永远不碰酒精，所以他从不为任何人破例。在那次聚会上，杨勇要求以水代酒，同事们起哄不同意，坚持让杨勇举杯，杨勇断然拒绝，气氛立刻僵化起来，李锦也生气了，冷冷地说："你还算不算男人，让你喝杯酒都推三阻四的，还比不上这里的女同事。""我觉得有没有男人气概和酒量无关，我对酒精过敏不行吗？"杨勇说。"你就是胆小，做什么事都扭扭捏捏，别扫了大家兴，喝杯酒又不是让你上战场。"李锦开始骂骂咧咧，杨勇气得满脸通红，把酒杯一推："我不喝！"然后起身愤然离开了餐桌。

事后，李锦也为自己的言行失当对杨勇道歉，可是杨勇的心却被伤透了，好友竟然在大庭广众之下咒骂自己，而且一句比一句难听，句句都像钢刀砍在自己的心上，真正在乎自己的朋友会用这种方式对待自己吗？他有些茫然了，以后渐渐地和李锦关系也淡了。李锦也感到非常难过，其实由于性子直、脾气暴，他几乎交不到什么朋友，杨勇是他为数不多的朋友，他以为两个人交往这么多年了，杨勇应该早就了解自己的脾气，无论自己说了什么、做了什么都不会怪罪自己，没想到两个人的关系就这么断了。

有的人认为真正的友谊必定是固若金汤的，事实上，再好的关系也要讲究距离感和分寸感，再牢固的友谊也需要谨言慎行。在生活中，人们可以抗击外界的种种伤害，可偏偏对来自亲朋密友的攻击没有招架之力，因为人向来不会对亲近的人设防，就像一个软体动物，平时裹着又硬又厚的铠甲，可是在安全的环境下，会露出自己身体最柔软的部分，只允许自己最信赖的朋友近身，如果朋友刺伤自己，这种痛又岂是常人能承受的？

那些个性直的人，很容易觉得朋友之间是完全可以互诉衷肠的，会忽视朋友间必要的分寸感和界限感，会一厢情愿地认为朋友就该包容自己的种种不好以及各种无心的伤害，所以，说话与做事都极容易"越界"，从而失去苦心经营多年的友谊。

话只说"三分"，点到为止

在现实生活中，很多人在与他人交往时，为了突出强调自己的观点，或彰显自己的地位，说话会比较多。而说话越多，越容易让自己丧失做人的分寸感。要知道，话多是人际交往的大忌。很多时候，你话说得越多，就越无味，越是难以显示出你的修养和内涵。卡耐基说：语言的魅力在于点到为止，话不在于多，而在于精，在于透。这告诉我们，真正高质量的交流，说话时应"点到为止"，而非滔滔不绝。

古人讲，做人说话说三分，七分留着打天下。讲的就是交际中尽量少说话，要说就只说"三分"。比如在批评时，把"理"占"透"，给他人留面子，对解决问题能起到"四两拨千斤"之效；说服时，把话说到要害处，晓之以理，动之以情可以让人信服；激辩时，抓住要点，把理说"透"……总之，我们无论在怎样的场合下，都要戒掉吹嘘或多言的习惯，"点到为止"这种不失分寸的说话方式能让你撕掉"故弄玄虚"的标签，博得他人的好感。

《墨子间诂·附录》中记载了这样一个故事：

有一次，子禽问他的老师墨子："多言有好处吗?"

墨子回答说："青蛙日夜都鸣叫，弄得口干舌燥，却不为人们喜爱。而晨鸡黎明时啼叫，天下都被叫醒了! 多言有什么好处? 话要说到点子上才好!"

事实正是如此：话多不如话少，话少不如话好。少而"精"的话，能更深刻地表达自我内心的情感，给人留下无限的遐思，让人回味无穷，从而起到有效的作用。

《红楼梦》中贾元春省亲，见了久别而又热盼的弟弟贾宝玉，百感交集，自然应有一肚子话要说。然而，曹雪芹笔下的元春并未发表长篇大论的思念之辞，而是拉起弟弟的手，只说了一句"又长高了……"继之泪如雨下。

在这里，元春的话实在说得太少了，但是，却使我们更加强烈地感受到了她内心的痛苦，收到了"以少胜多"的效果。如果让元春滔滔不绝地说这说那，即使言辞中可以加上表示痛苦的成分，但是人们的心灵也不会如"又长高了"四字触动得那么剧烈。这是因为能够反复陈述痛苦者，其痛苦尚属能抑制的状态，而陈述痛苦都无法坚持者，其痛苦程度一定远胜于前者。

由此可见，话不在于多，而在于"精"，在于"点到为止"，更能够表达内心的情感和状态，引起他人的好感。那些交际场上的急性子，总爱喋喋不休，等于是自暴其短，会使自己失去获得知识和经验的机会。真正会说话之人，就是要把话说得"高效"，应该言简意赅，让说话对象明白你要表达的意思。

说话本来就有三种限制，一是人，二是时，三是地。非其人不必说；非其时，虽得其人，也不必说；得其人，得其时，而非其地，仍不必说。非其人，虽说三分真话，已是太多；得其人，而非其时，只说三分话，正是给对方的一个暗示，静观其变；得其人，得其时，而非其地，只说三分话，正可以引起注意。如有必要，不妨择地另作长谈，这才是通达世故之人。

言有尽而意无穷，有情尽在不言中。弦外之声，话外之音，正是话说三分，点到为止的艺术，不失为一种大智慧。既指出了对方的错误，又保全了其颜面，甚至可以打动人心。听听这位父亲是如何教育女儿学会说话的。

爸爸有一个战友，家境贫困。那个年代的士兵，每个月能得到部队给的一些微薄的津贴补助，这个战友每次都把这点钱攒下来，寄给乡下贫寒的父母。

后来，这个战友娶妻成家。妻子除了端庄漂亮之外，还是部队一位首长的千金。自然，这桩喜事格外引人关注。虽然他们婚后的日子是幸福甜蜜的，可人们总觉得大家闺秀和穷小子在一起，难免会有很多娇生惯养的小姐脾气。

婚后，这个战友还是坚持把每个月的这点津贴攒下来，寄回家里。但他却迟迟不愿告诉妻子，担心妻子不能理解他的孝心，却又生出多余的联想。于是，他总是瞒着妻子偷偷把钱寄回家里。他心里清楚，这点钱对于乡下的父母是一个天文数字，而对于他们这个家庭，就可能是一个感情破裂的导火索。

后来，乡下的二弟写信向他借钱结婚。他二话不说，拿出了几百块钱，像往常一样夹在信封里，附了一封信，准备寄回去。可是，刚好那天他把信封揣在裤子的口袋里，事后就忘记了寄。

有一天，妻子在帮他洗裤子，没整理口袋就泡进了肥皂水里。等搓洗完、准备拿出来晾的时候，突然发现口袋里还有个信封。妻子赶紧把纸拿出来晾晒，一看，居然还有几百块钱。

妻子读了信便明白了。等晚上丈夫回家后，她先道歉，说："真对不起，今天洗裤子时忘了翻口袋，你瞧，这信也湿了。我看它还挺厚，怕干不透，就把你的信拆开了。"对于寄钱的事情却绝口不提。

丈夫心里一阵翻腾，反复想想，还是向妻子说明了自己给家里寄钱的事。

本以为妻子会小心眼地和他吵吵闹闹，可没想到，妻子听了以后只是轻描淡写地说了句："你这样把钱夹在信封里不安全，容易丢。下次我们还是汇款给爸妈吧。你要是觉得不方便，可以把钱交给我，我帮你汇。"

后来，两个人过得更幸福了。

只说三分话，对于一般人来说是生活中需要锻炼的一种素养，而对于某些特殊职业，则涉及职业道德，甚至工作安全了。比如一名医生，对于特殊病人的状况、病历等，是只字不能向外人提及的，这是医生的职业道德；从事保密工作的人，说的这三分话，可能是风花雪月，也许是柴米油盐，抑或是天文地理，或许是稗官野史。总而言之，应该是一些无关紧要的话题。在外人听来，虽然说得头头是道、淋漓尽致，说得皆大欢喜，其实是言之无物，反而不会招来不必要的麻烦。

另一方面，对于教育工作者，三分为止所留下的空间，则是让学生有了更多自省自察的机会。

陶行知在育才学校任校长时，一次考试，一位女学生在写作文时忘了一个标点，被老师扣了分。试卷发下来后，她偷偷添上这个标点后，来找老师要分。

陶行知先生虽然看出了问题，但还是满足了孩子补分的愿望。

不过，他在那个标点上重重地画了一个红圈。

女学生领会了老师的意图，惭愧不已。多年过去了，女孩已经成人成才。她找到陶行知先生说："那件事以后，我决心用功学习，做个诚实的人。"

陶行知先生这种无声的"点到为止"，绝不是毫无原则，更不是"麻木不仁"，相反，正是教育技巧和爱心的完美结合。实际上，这是一种暗示：我知道事实是怎样的；更是一种警示：仅此一回，下不为例。如此，不但没有妨碍纠错，反而促进了孩子对做人更深刻的理解。

由此可见，说话是一门艺术，或者锦上添花，或者自毁前程。话音刚出既缥缈，后面的余味留给听者自品。这样，不仅可以避免因为溢满之词而惹来的局促不安，还能锻炼听者的"辨音"能力，加强自省自检的意识。如此点到为止的好处，何乐而不为呢？

不轻易向有利益冲突的人"吐露心声"

在现实生活中，人都有性子急或者心烦的时候，这时候往往话会特别多，极容易在社交中做出界限感模糊或有失分寸感的事情。比如他们会为了发泄内心的不快，会不假思索地随便找个人倾诉衷肠，这种做法可能会为以后的道路埋下"祸根"。

张莉是个急性子，一次，她因为工作中的一个小疏忽而被领导批评了，委屈的张莉下班后立即就失声痛哭了起来。下班之后，同事晓蕾找她一起吃饭。在进餐的过程中，晓蕾安慰她说："老李今天真是太过分了，他太喜欢乱发脾气了。你别往心里去，我们都是好姐妹，不希望看着你伤心流泪啊……"张莉刚刚平复的心情一下子又乱了，眼泪又开始掉下来。

一旁的晓蕾忙上前安慰道："哎，谁让他是你的上司呢。他一不高兴，说不定连薪水也会克扣你的，你还是忍忍吧!"张莉一听这话哭得更加伤心了："怎么忍啊? 哼，别看他现在像疯狗一样乱咬人，那天逛街时，我看到他跟一个年轻女性非常亲密，一定是在外面养了小情人，在小情人面前晃头摆尾的!"

晓蕾听到此并没说什么，只是淡淡地一笑。一个星期之后，张莉突然接到通知，马上收拾东西，她被调到储运部门去清点库存了。张莉为何突然被调到储运部门了呢? 难道是因为上次老李对自己发脾气? 当然不是。张莉在晓蕾面前口不择言的"倾诉"，虽然只是发牢骚，顺口而出，没有别的用意，却被晓蕾一五一十地"原话重播"给老李听了，这事对上司来说当然未必是小事，所以张莉调职也是不可避免的事情了。

人总是有情绪的，也需要一个发泄或倾诉的对象，但是越在情急的时候，越要注意分寸，不要向人乱发牢骚，最终很可能会惹祸上身。要知道，你在发牢骚的时候，也许只是疏解一下自己愤怒的心绪，但说者无心，听者却有意，有一天，你说的那些无心的话，有可能就会变成对方伤害你的"利器"。

古人讲，"逢人只说三分话，未可全抛一片心"，这是告诫我们为人行事要适当地"留白"。因为人性是极为复杂的，尤其是那些跟你有利益冲突的人，就更加需要谨慎，所以，在交际中，我们在说话前一定要仔细思虑，莫因逞一时口舌之快，做出令自己后悔莫及的事情来。

刘丽刚毕业就进入一家大型的汽车销售公司，因为刚入公司没什么经验，不知道如何应付难缠的客户。见此情境，一位叫李娜的女孩主动帮她，再挑剔的客户，都会主动帮刘丽搞定。当刘丽业绩不好的时候，李娜还会主动向她介绍自己的客户。半年多的相处中，刘丽与李娜建立了深厚的友谊，两人也成了无话不谈的好朋友。

后来，刘丽凭借自己业务上的成就，做到了销售管理者的位置。但是，正在自己欣喜不已的时候，她却收到了来自好朋友李娜的意外之"礼"。

那一次，刘丽与李娜共同负责一个大客户，因为事前刘丽就对客户的购车意见进行了详细的了解，客户就单独约定要与刘丽细谈。当时，刘丽就感受到李娜的尴尬，想去安慰她。但是她后来又想，以她们之间的亲密关系，李娜应该是不会介意的。

在接见过客户后，刘丽为了平抚李娜失落的心情，便对李娜说："那个客户真正的意图不是来购车的，约自己完全是为了要与自己聊天，不过，仅是聊天而已。"但不久后，刘丽便听到有的同事在小心地议论她。后来，她才得知是自己的好朋友李娜散布的谣言，说自己昨天与客户在酒店交谈彻夜不归。看到同事们都在用异样的眼光看自己，刘丽感到十分揪心。随后，这件事就成为其他同事茶余饭后的谈资……刘丽当时感到受了屈辱，痛苦极了。

再亲密的关系，如果你与其有利益方面的冲突，也不可全抛一片心，不然对方就会反过来将它当成一种控制你的"把柄"。

这个世界上有好人就有小人，对于那些性子比较急的人来说，在任何时候都要管住自己的嘴巴，尤其是当你心有不满的时候，找人倾诉或吐露一下心中的苦闷是可以理解的，但在选择倾诉对象的时候一定要慎重，小心"说者无意，听者有心"。

古人有云："虎豹不堪骑，人心隔肚皮。"有利益冲突的双方本就应该远离那些闲言碎语，更何况还要透露自己私密的心事。所以年轻人一定要明白，当你在选择倾诉对象的时候，一定要考量对方的可信度，还要考虑对方与你是否有利益冲突，千万不要错误地选择那些"逆风"的窗口，最终让自己陷入后悔的境地。

说话别太直，懂得"迂回"更受人欢迎

在很多人心中，与人交际沟通，只需要足够的真诚和直率就够了，有什么就说什么，不忌讳，不藏着掖着，才能交到真朋友。但要知道，与人交往，选择用哪种方式沟通，要因人而异，视时而定。说话直来直去的人认为自己敢说真话，是繁花落尽见真情。然而社交场合又有一种说法："非常诚实有点毒"，我们常说的好心没办成好事，是失分寸的典型表现之一。

北宋时期的寇准，是一位被后人尊敬的好官。在处理国家大事时，他游刃有余；但是在如何与性格不合、政见不一的同事相处方面，他却吃尽了说话过于直率的苦头。最典型的是对待副参知政事丁谓。《资治通鉴》记载了这样一个故事：

丁谓任中书官职时，对寇准非常恭谨。

一次朝中会餐，寇准不小心把胡子沾上了汤汁。丁谓一片好心地站起来，慢慢替他擦拭干净。

而寇准却认为丁谓这是有意巴结，竟当着文武百官的面，讽刺丁谓说："你身为国家大臣，就是替上级擦胡须的吗？"

丁谓自此记恨下寇准，"全力倾构（诋毁）"。并且和王钦若、曹利用等同样受过寇准谩骂、讽刺、挖苦的大臣结成同盟，共同对付寇准，经常在皇帝面前说他的坏话。

久而久之，连皇帝也觉得寇准不会讲话，随之结束了他的政治生涯。寇准一而再、再而三地被流放，直至客死雷州。

寇准的话看上去是玩笑，但实际上却是一种过于直爽的讽刺挖苦。他的悲剧，根源就在于说话有失为官者的分寸感，不懂得"迂回"的艺术。

为人正直是每个人都应该具备的良好品质，君子待人真诚，做人厚道，但这并不等于说话直言直语，丝毫不讲求策略。凡事只要能达到我们初衷，不一定非要"有一说一"。侧面迂回的路线往往更容易被大多数人接受。因为"拐弯抹角"的说话方式是充分站在对方的角度去考虑，顾及他人的感受，以最柔婉的方式向其传达"话外音"，这种交际的分寸感是做人的一种修养。

古时秦国有个叫优旃的人，就深谙"迂回"之道。

优旃是秦国的歌舞艺人，个子非常矮小。但他说话幽默，常常能在说笑中映射出大道理。

一次，秦始皇在宫中摆酒设宴，正遇上天下大雨。宫殿中一片欢歌起舞，而殿外执位站岗的卫士却都在淋着大雨，受着风寒。

优旃见状，心里十分怜悯这些卫士，便故意问他们："你们想休息吗？"

卫士们几乎异口同声地说："当然非常希望。"

优旃则告诉卫士们："一会儿如果我叫你们，你们要很快地答应我。"

过了一会儿，优旃上前给秦始皇祝酒，之后又转身走向栏杆旁，大声喊道："卫士！"

卫士答道："有。"

优旃说："你们虽然长得高大，又有什么好处？只能站在露天淋雨，我虽然长得矮小，却有幸在这里休息。"

秦始皇这才意识到自己的失误，知道优旃是在借用自嘲的形式来讽刺他。于是，秦始皇下令：准许卫士减半值班，轮流接替。

还有一年，秦始皇打算把打猎游乐的园林东延至函谷关，西扩至雍、陈仓一带。这样一来，几千亩农田将全部成为牧场。

朝中许多老臣听到这个消息后，都上书劝谏，直接批评这是劳民伤财，是万万不可为的事情。

秦始皇心中异常不快，怒言道："这天下都是朕的，朕想建个游乐场所，你们就婆婆妈妈！谁敢劝谏，拉出去立刻砍了！"

优旃听说后，就趁秦始皇兴致勃勃时探听虚实："听说陛下要扩大园林？"

"有这么回事。"秦始皇得意地说。

"好得很！"优旃说："园林扩大了，可以多养禽兽，要是有敌人从东方来进攻，咱们可以用大大小小的鹿去撞死他们！"

秦始皇不禁被优旃逗笑了。然而仔细想想，为了国家的安危，还是不要过于玩物丧志了。于是，扩建园林的事情就此被否决了。

这就是委婉规劝的功效。人人都有自尊心，都认为自己的决定和想法是正确的，不希望被别人不留一点颜面地直接驳斥。

很多时候，不讲场合、不讲方式、仅仅只是怀着一颗"我是为你好"的心去劝说对方，反而会让对方产生反感，甚至会产生"为什么只要我想做的，你就反对？我就这样了，你能怎么着"的逆反心理。

其实，每个人都有自我反省的能力，都会对自己的言行和判断进行反思。因此，我们在劝说他人时，不仅仅要站在理的角度上，同时也要站在对方的角度，委婉地劝说。只要能达到让对方心里明白，并按照我们的意思去做的目的，又何必采取伤人又伤己的"直线"方式呢？兜个圈子拐个弯，跳离直来直去的模式，以彼此沟通中的"最大公约数"为基点，突破沟通的障碍，达到畅通无阻。

"交浅"千万不要"言深"

在生活中，与人交往，怕的就是交浅言深。有些过度热情的人，明明是一面之缘的交情，却生生地表现出"四海之内皆兄弟"的感觉，仿佛一夕之间从素昧平生到无话不谈，完全不顾对方的感受，让自己尴尬，让对方难堪，毕竟我们真的没那么熟。要知道，成为真正的知己或朋友，是需要一个过程的，需要时间来了解和积淀，每一次见面、每一次谈话、每一次互相帮助都是筛选过程。只有极少数相互理解、彼此欣赏的人，才能成为知己，这其中蕴含着时间的力量。

罗曼·罗兰说："每个人的心底都有一座埋藏记忆的小岛，永不向人打开。"这并不是说人应该自我封闭，拒绝与外界沟通，而是指人人皆有自己的秘密花园，总有一处领域是不适合对外开放的。而守住自己内心的这片秘密花园，就是交际中该有的界限感。然而生活中有些人总是会在情绪失控时，口无遮拦地向他人敞开自己的这片秘密花园，到最终不仅会影响自身的形象，还有可能会给自己招来大的麻烦。

交浅言深是处事的大忌，虽然向别人吐露真言能迅速拉近彼此的距离，可是有时距离才能产生美，被轻易窥见全貌未必是件好事。每个人都是不完美的，向不了解自己的人展示自己的瑕疵纯属作茧自缚，带来的后果可能超乎想象。马克·吐温曾说过："人就像明月一样，有光彩的一面，同样也有黑暗的一面，应该呈现光明的一面，而不要给别人看到你黑暗的一面。"这句话的意思并不是说人应该费尽心机掩饰自己丑陋的一面，通过各种粉饰的方式来为自己树立高大全的形象，而是说不要让自己成为透明玻璃缸里的鱼，也不要去做绝对透明的玻璃人，对外界应该适度地保留一些东西。毕竟世界是复杂的，对外保持一定的警惕是必要的。

《鬼谷子·谋篇》中有："其身外，其言深者，危。"这里的"身外"是指人在他人的亲友圈之外，就不要接触其内部的核心秘密。身为他人亲友圈的外围人员，跟对方的交情浅薄，在进言时就不要过于深入，否则就会置自己于危险的境地。这里的"言深"有两层意义：一是深入对方内部的机密之事，掺和对方的家事或重要决策等，这会让对方觉得你不怀好意，或另有所图，从而对你产生猜忌之心；二是跟对方过于推心置腹，会让人产生"不适感"，从而对你敬而远之。

在封建社会的多数情况下，臣子对于帝王来说，就属于鬼谷子所说的"身外"，即是与帝王交浅的"外人"。所以，那些聪明的臣子不会贸然插手帝王家族内部的事务，多数情况下他们会有意地避开，以免招来杀身之祸。在三国时期，曹操之所以杀杨修，除了他恃才傲物、自作聪明遭人忌恨的个性外，还有一个重要的原因是杨修身为"外人"参与到了曹丕与曹植之间的世子之位争夺中。杨修曾为曹植设谋进言、热心过度，这也让曹操觉得杨修离间了他们家人之间的感情，居心不良、其心可诛，于是将他杀害。

另外，在现实生活中，对与自己交情不深的人，过分透露个人信息，甚至无所不谈，是非常危险的，你一不小心泄露的"天机"，就有可能成为你一生中最大的败笔。在对外进行情感倾诉时，一定守住自己与他人之间的"界限"，给嘴巴"上把锁"，以防止那些别有用心者对自己带来"伤害"。总之，无论你与人交流的欲望有多么强烈，都要记住交浅莫言深的交际法则，否则你的直来直去将成为别人重点攻击的薄弱环节，俗话说"害人之心不可有，防人之心不可无"，不要把自己的弱点暴露给别人，这是一种防御的现实需要。

话不说满：别把自己的退路给"堵死"

"变"是这个世界唯一不变的规律，凡事都在不断地变化。生活中，我们在与人交往时，千万要注意人与人之间的界限感和分寸感，不要想当然地认为某事、某人一定会怎样，凡是逞口舌之快而把话说绝、说死的，除了为你留下后悔和遗憾外，别无他物。

陈云是一家报社的记者。一次，她奉领导之命去做一个采访。她本知道这个采访工作是有困难的，当主任问她是否有问题时，她想都没想就拍着胸脯回答："绝对没问题，这点小事干不成，还怎么有脸在这里混下去呢？"

三天之后，采访的事情没有任何的进展。主任问陈云进度如何，她才老实地回答说："不如想象的那么简单！"当时，主任虽然没说什么，但对她前几天拍胸脯的回答已经有些反感。

这都是把话说得太满而置自己于尴尬境地的事例。其实，把话说得太满，就像把杯子里倒满了水，再也滴不进一滴水，再滴就溢出来了，也像把气球充足了气，再也灌不进一丝空气，再灌就要爆炸了。当然，生活中也有一些人在气愤的时候，总爱把话说得很满，而且也保证自己能做到。不过凡事都是有意外的，而且有些意外并不是我们所能够预料的，话不说得太满，就是为了容纳这个

"意外"！

赵梅是个心直口快的女人，说话办事从来不经大脑，这让她吃了很多苦头。一次，她和一位同事闹了一点不愉快，在气愤的时候，她就随口对那位同事说："从今天起，我们断绝所有的关系，彼此毫无瓜葛……"说完话还不到两个月，那位同事意外地成了她的上司，赵梅因为当初把话说绝了，也没脸在单位待下去，只好辞职了。

说话不留余地，等于自绝退路。"要么成功，要么失败"的简单逻辑已经完全不能适应复杂多变的社会，为此付出的代价是你根本无法承受的。所以，我们在任何时候，话出口之前，一定让其在大脑中"遛个弯"，注意话语的分寸，以免搬石头砸自己的脚。

留有余地，不仅可以保持与他人良好的关系，在一定程度上，还能"化敌为友"，重建友情。这一点，《红楼梦》中的薛宝钗就很值得学习。

一次，贾母等人猜拳行令、随意玩乐，黛玉无意中说出了几句《西厢记》和《牡丹亭》中的艳词。这类剧本在当时是禁书，而从黛玉这样的大家闺秀口中说出，更是会被人指责为大逆不道，有伤风化。

好在，许多读书不多的人没有听出来。但此事瞒得过别人，怎能瞒过宝钗？然而宝钗却没有感情用事，图一时之快，借此机会让黛玉难堪。她并没有宣之于众，给黛玉留了余地，也给自己和黛玉化干戈为玉帛提供了契机。

事后，在没人处，宝钗私下叫住黛玉，冷笑道："好个千金小姐，好个尚未出阁的女孩儿！满嘴说的是什么？"一副严厉的下马威，让对方感到问题的严重。

黛玉只好求饶说："好姐姐，你别说与别人，我以后再也不说了。”

宝钗见她满脸羞红，至此便适可而止，没再往下追问。

这已让黛玉感激不已了。而宝钗的精明之处在于，她还设身处地、循循善诱地开导黛玉：“在这些地方要谨慎一些才好，以免授人以柄。”

此番真心实意的关心，结果一席话说得黛玉垂下头来吃茶，心中暗服，只有答应一个“是”了。

此事之后，宝钗果然守口如瓶，没有向任何人透露半点黛玉失言之事。

这使黛玉改变了对宝钗一贯的成见，诚恳地对她说：“你素日待人固然是极好的，然而我又是个多心的，竟没有一个人像你前日的话那样教导我……比如你说了那个，我断不会放过的；你竟毫不介意，反劝我那些话；若不是前日看出来，今日这些话，再不对你说的。”

至此，宝钗和黛玉已达成和解。

抛出话音轻点一下，聪明之人便可领会。宝钗懂得在最恰当的时候点到为止，给黛玉留了七分颜面，给自己腾出三分空间。只有这样的“空间”多了，在深宅府第中才能容得更多的朋友。

要不把话说死，说绝，在说话时，我们要尽量使用“可能、尽量、或许、考虑、评估、征询各方面意见”等等这些模糊的字眼，这能为你留一点空间好容纳“意外”。当然，除了这些，我们在说话的时候，还需要注意以下几个方面：

1. 对别人的请求可以答应，但不是“保证”，应代以“我尽量，我试试看”的字眼。

2. 上级交办的事当然接受，但不要“保证”，应代以“应该没问题，我全力以赴”之类的字眼。

这是为了防止万一自己做不到所留的后路，而这样说事实上也无损你的诚意，反而更显得你的审慎，别人也会因此而更加信赖你。最终即便事没做好，也不会责怪你！

3. 与人交往，不要口出恶言，千万不要说"势不两立"之类的话，以防他日需要携手合作时还有"面子"！

4. 对人不要过早下评判，不要使用像"这个人一辈子都不会有出息""这个女人跟谁在一起都不会幸福"等等"盖棺论定"的词句。人的一辈子很长，变化很多，不要一下子评断"这个人前途无量"或者"这个人能力高强"等等，以免在日后让自己丢面子。

总之，要做一个镇定、淡定有智慧的人，一定要管好自己的嘴巴，在任何时候都要学会留一些空间，这样既不会得罪人，也不会置自己于尴尬的境地，何乐而不为呢？

面对他人的诉苦，"开口献策"是大忌

人人都有负面情绪，当心情不好的时候，都有向人倾诉的心理需求。当你身边的人向你哭泣，找你诉苦时，一些人则会表现得极为"热心"：不仅给予对方心灵上的安慰，还会帮着当事人想办法，甚至帮助其控诉别人。很多人认为，这种做法是高情商的重要体现，实际上，这是人际交往中的大忌，是界限感模糊的表现。很多时候，朋友向你倾吐心声，是为了获得心灵"共振"，让你能对他的痛苦感同身受，而不是寻求安慰。这个时候最好的做法就是陪他一起待着，认真地倾听他的话语，对他的情绪给予安抚，而不是随便开口"献策"。

小邢是一家公司的新职员，活泼开朗的她，初到公司就赢得了许多同事的喜欢，尤其与柳菁还成了关系不错的朋友，一方只要在工作中遇到困难，另一方便会主动给予帮助。

一次，柳菁与男友吵架，找小邢诉苦说自己男友是如何不懂得体贴，如何不靠谱，缺乏上进心。看到柳菁痛苦且咬牙切齿的样子，急性子的小刑也开始气愤起来。于是，就在旁边添油加醋地说："你怎么找那样一个不靠谱的男人呢，赶紧跟他分手吧，免得以后后悔！"

听到小邢那样劝解自己，小邢内心得到了一丝安慰。但是几周过后，柳菁则在背后对其他同事说："别看小邢平时没心没肺的，她可是没安什么好心，上次她竟然劝说我和男友分手呢！"

随即，其他同事也不再那么信赖和喜欢小邢了，与她的关系也不再那么亲密，小邢知道柳菁的行为后，很是痛心，她当时只是想让朋友宽慰，却没想到换来这样的结局。

小邢本来是好意，只是想让朋友得到宽慰，于是便"献策"了，但最终却落得得罪人的下场。可见，面对一个找你诉苦、哭泣的朋友，你可以帮他递上纸巾，可以拥抱他，但一定要管好自己的嘴巴，控制自己的情绪，不要贸然开口献策。否则，吃亏受害的只可能是你自己。

其实，生活中，很多人都做过像小邢那样低情商的事：面对朋友或者同事的诉苦，尤其是女性朋友，为了让对方获得宽慰，于是就给对方支招或者顺着对方的情绪在背后说人坏话。当然，要是极好的密友也倒没什么关系，但若是关系一般，当她有苦可诉的时候觉得你是密友，但是当她平静下来后，对方便会觉得你居心叵测。最终，你也只能是吃力不讨好。

生活中，一些人总容易被周围人的情绪传染，尤其是面对好朋友哭诉的时候，他们也会跟着难过起来，当好朋友激烈地控诉自己内心的恨意的时候，这些人的情绪也很容易被煽动起来，恨不得马上行动去替朋友出气。这是好的，但因为无法控制好自己的情绪，很容易做出令自己后悔的事情来。要知道，一个高情商者首先要把控好自我情绪，然后再通过全方位地感知他人的行为，与对方的情绪产生"共振"，然后予以宽慰，最终给人善解人意或如沐春风的感觉。

刘含和白梅同是一家文化公司的白领，两人是很要好的朋友。两人无论是谁，只要受了委屈，一定会向另一个人诉苦。一次，刘含因为稿子的编校部分出了问题，于是受到主编的一顿痛骂。刘含一言不发，待到下班后，便向白梅哭诉起来，说自己在这单位受尽了委屈，想要跳槽离开。白梅安慰几句后，便添油加醋地说："我也早不想在这里干了，要不我们俩一起跳槽吧！"刘含欣然同意。但是，要跳槽得先找到合适的单位才行。可两天后，刘含又因为工作上的失误被主编骂，这次刘含毫不示弱，与主编大吵了起来。刘含是个急性子，在气愤的时候，便对主编说："就这个破单位，我早就不想干了。我要走了，白梅也会跟着离开，到时候人全走光了，有你哭的时候！"说完便甩门而去。随后，白梅便被领导叫过去谈话。其实，白梅并不想离开，只是自己一时冲动对刘含说了要离开的话。最终，刘含和白梅都被辞退，很长时间俩人都找不到合适的工作。

面对刘含的诉苦，白梅其实是想用离职的话来安慰她，没想到结果却真的被单位辞退。所以，生活中，面对朋友的诉苦，高情商者绝不会随意"开口献策"。其实，从心理学的角度分析，一个女人若对你诉苦，为的是寻求理解；而一个男人向你倾诉，为的是寻求解决之道。生活中，很多人在面对女性的诉苦时，总是会给出这

107

样那样的建议，事后，对方却会对你的建议妄加否定。实际上，女人诉苦，不过是拉你做她的同盟，为她的情绪寻求一个出口，等情绪发泄完了，她便又会立即变得理智起来。所以，如果你周围有人，尤其是女人向你诉苦，你只管闭嘴点头，表示支持就好，多余的话或者建议，还是不要讲了。

用"打太极"的方式绕开敏感话题

生活中有这样一种人，他们个性直爽，在与人交往中往往容易丧失界限感和分寸感，极容易踩到交际的雷区，比如别人忌讳什么偏要说什么，哪壶不开提哪壶，听者的第一反应当然是火冒三丈。有时即使没有恶意，语言不加修饰，也会让人徒增反感。比如个头不高的人忌讳别人说矮，如果有人直接说出那个字眼，他必然感到愤怒。体态丰满的人忌讳别人说胖，最明智的做法是不要评价他的身材，或者用更合适的字眼代替。

其实，绝大多数人都有自己反感和忌讳的词，人皆有敏感和柔软之处，我们应该尽可能地回避这些区域，免得在伤害别人的同时又惹上麻烦。可现实生活中，很多人在自己得罪人后总说自己有口无心，一切都是无心之失，好像这样就可以用"无知者无罪"来为自己辩护。可是无心的伤害难道就不是伤害吗？其实只要稍加留意，我们完全可以了解对方的忌讳点，它们并不是隐藏在海面下的冰山，而是显而易见的突兀山峰，这时如果我们选择不明确表态，用"打太极"的方式绕过敏感话题，双方都会皆大欢喜。

玛丽刚刚在纽约市区买下了一栋房子，为此她花掉了不少积蓄，接下来便是为新家做装修，她想把房子布置得温馨而又有特色，不厌其烦地对请来的建筑工人述说着自己的要求。每次工人们都会对她说："放心吧，女士，我们一定按照你的想法来装修，丝毫不会有一点偏差。"玛丽当然不是不相信这些建筑工人，而是想把自己的想法说得更详细更具体，免得他们在实际工作中找不到方向。

玛丽热情好客，经常在装修工人休息时为他们提供清凉的饮品和可口的点心，工人们很高兴能遇到这么和善的女主人。有一天，工人们实在太疲倦了，没有及时清理碎木屑，玛丽下班后，看到庭院里到处都是木屑，她有点不高兴，可是并没有发作，而是仍对工人们说他们把房子装修得很好，自己为此感到满意。工人们并没有意识到自己做错了什么，众口一声地说一定不会让这里的女主人失望。

工人们离开后，玛丽一个人默默地把庭院里的碎木屑打扫干净，她执意请人打造别具一格的家具，虽然难免增加了一些垃圾，可是她仍觉得一切都是值得的。第二天正逢星期日，玛丽不必上班，一大早就见到了装修工人，她用愉快的口吻说："我很高兴庭院已经打扫干净了，希望能给你们带来好心情。"工人们这才想起自己昨天没有清理现场，把庭院搞得脏乱不堪，有位叫卡尔的工人很感激地对玛丽说："很感谢你没有说出那个字。""什么？"玛丽微笑地眯着眼睛问。"脏。"工人说："上次，我们一起为另一户人家装修，也是犯了同样的错误，主人当场就大叫起来，说我们把屋子弄脏了，还说我们是邋遢的脏鬼，衣服脏，人也脏，手也脏，你知道吗，以前我做过垃圾工和泥瓦工，不能像你们那样保持整洁，所以最忌讳别人说我脏，这个字就像一盆脏水泼在我的头上，让我觉得自己受到了莫大的人格侮辱。"

玛丽当然知道卡尔避讳这个字，大家在一起交谈时，他总是有意绕过这个字，改用别的字眼代替。比如有一次他的同事把果汁洒到了衣服上，他没有说"你的衣服被果汁弄脏了"，而是说"你的衣服被果汁弄湿了"。还有一次，有个同事裤子上沾了油漆，他没有说"你的裤子被油漆弄脏了"，而是说"你的裤子被油漆弄花了"。所以玛丽有意避开了这个字眼，卡尔由此对她感激万分。

用"打太极式"的修饰方法把不便直说的话语表达清楚，就不会使对方感到难堪，我们在和别人交谈时，应该避免使用刺激性的话语，尤其要避开别人的禁忌领域。比如我们可以用"娇小玲珑"来形容一个身材矮小的女孩，这样既能表达出女孩体态的娇美，又没有冒犯之意，对方听后也不会感到不快。我们可以用"体格健硕"来形容一个长相粗犷、体态笨重的男士，这样既避开了"肥"和"笨"等难听的字眼，又表达出了男性的阳刚气概，对方没有理由对此表示抗议，也许还会很认同你的看法。

有时也许你并不能感同身受地理解一句话或一个词给对方带来的伤害和痛苦，只有自己被触痛时才会理解其中滋味。英俊而才华横溢的英国诗人拜伦，终生摆脱不了自卑和忧郁情结，就是因为年幼时，别人一次次指着他说"这个孩子很漂亮，可惜是个坡脚"。触碰别人的心灵雷区，无异于往别人伤口上撒盐，我们绝不能让自己扮演那么残忍的角色。也许我们天生性格很直，可是我们不能为了维护自己的天性，就用残酷的方式来对待别人，收住那些带刺的话，避开别人不喜欢听的字眼，并没有什么太大的难度，这是一种善意的妥协，与自己要坚持的做人原则完全无关，千万不要让自己的舌头成为毒舌，即使不能做到口吐莲花，我们也要选择善意的表达方式。

别揭人之短，别伤人面子

俗话说："打人不打脸，揭人不揭短。"意思是即使和别人大动干戈，也要顾及别人的尊严体面，不能揭别人的短处，这种不失分寸感的行为是做人的一种修养。可现实生活中，一些人在情绪失控的情况下，一旦与别人吵闹起来，许多的陈年旧事都会被他们一股脑地倾吐出来，对方的短处和伤疤往往成了攻击的重点，这比在大庭广众之下直接打人耳光更伤人心。

人活一世，皆以尊严立世，常言道："人活一张脸，树活一张皮"，人格尊严本身就是神圣不可侵犯的。法国著名作家安托万·德·圣-埃克苏佩里曾经说过："我无权贬低他人对自我形象的认识。我怎样看别人并不重要，重要的是在于他如何看待自己。伤害他人的自尊等同于犯罪。"这说明故意伤人颜面、揭人老底是一种多么恶劣的行为。

给别人一个体面的台阶下，是尊重他人的一种表现，人生不易，不要当众揭他人之短，要尽量维护他人的自尊，口下留情，这既是一种不失分寸感的风度，也是一种美德。真正的君子之交，即便有了隔阂不再来往也不会互相攻击短处，即使和别人没有交情，也不能随意地唾弃别人，伤及他人的人格尊严。

凯莉是一位明星销售员，她的业绩多年来在公司一直名列前茅，深受老板赏识，后来被委以重任，成了公司的骨干人员。然而凯莉并不适合做管理工作，有一次在负责对新产品的试营销工作时，由于管理不力，在关键环节出现了错误，为了弥补过失公司蒙

111

受了一笔损失。她非常担心老板在会议上提及这件事，更怕有些人揪住此事不放，毕竟很多人都觊觎高管的职位。

凯莉和她的上司苏珊关系不太和睦，她认为自己已经被抓住了把柄，苏珊完全可以指责她没有做好管理工作。然后通过揭她的短让她在自己的下属面前出丑，这样就可以顺利把她赶走。轮到凯莉报告工作时，她感到不寒而栗，脑海里不断闪现着被苏珊当众羞辱的画面，她竭力保持镇定，声音还是微微有些发抖。她主动承认了自己在工作上的失误，发言之后默默地坐了下来，等待着苏珊爆发。

会议室里顿时鸦雀无声，苏珊最后对当年的工作做了一番总结，在提到凯莉时，只是轻描淡写地说对于刚晋升不久的领导层来说在接受新项目时犯错误也是正常的，希望凯莉能从中吸取教训，把接下来的工作做好。全体员工全都愣住了，大家都知道苏珊和凯莉不和，几乎所有人都认为苏珊会趁这个机会好好教训凯莉，没想到苏珊竟然为凯莉保留了颜面。

事后苏珊在私下里对凯莉说："你是个人才，论业务能力公司没人比得上你，可是你并不适合做管理工作，所以我想让你做高级销售顾问，职务的级别和现在相同，管理工作交给更适合的人去做，你认为如何？"凯莉点点头："我接受这样的安排。"在苏珊转身将要离开的时候，凯莉忍不住叫住了她："苏珊，对不起，我为以前的事向你道歉。"

凯莉和苏珊有一次在吵架时，凯莉毫不留情地攻击苏珊，说她是长短脚。苏珊曾经历过一次严重的车祸，伤势痊愈以后留下了后遗症，走路一颠一跛，两只脚一长一短。苏珊气得全身发抖，凯莉却感到无比痛快。这次自己在工作上犯下大错，她以为苏珊一定会让她颜面尽失，可是苏珊并没有那么做。

凯莉望着苏珊的眼睛，真诚地说："我原以为你会趁着这次机会让我出丑，因为我曾经那样伤害过你。"苏珊语气平缓地说："凯莉，我只是想通过这件事告诉你，我和你不一样，不会为了逞一时的口舌之快而伤害别人的自尊，希望以后你也别那么做了，因为那种被当众羞辱的感觉真的很不好受。"

人人皆有短处，每个人都有自己的缺陷和弱点，内心深处潜藏着不愿提及的隐痛，如果用侮辱性的语言加以攻击不仅是不礼貌的，而且是不道德的。好面子不一定都是爱慕虚荣，很多时候人在乎面子是为了维护自尊，任何一个有自尊心的人都不喜欢被当众打脸。对于自己不喜欢的人也应该给予最起码的尊重，直戳别人的短处并不是什么爱憎分明的表现，而是一种缺少涵养的行为。

由于性情不同、成长经历不同，人生观、世界观也不一样，人与人难免会发生摩擦，产生争执，我们不能保证一生不和任何人吵架，这就好比同在一个口腔中，牙齿和舌头也有发生碰撞的时候，矛盾是普遍存在的，是不可能被完全消除的，可是我们至少可以控制自己的口舌，而不是以"直性子""爱憎分明"等名义对自己看不惯的人大肆攻击，放过别人的短处，给对方保留尊严和面子，这是做人最起码的准则。

话出口前先把握好"火候"，拿捏好"分寸"

直性子的人最大的毛病是管不住自己的舌头，舌头就像一头难以驯服的猛兽，常常冲破理智的牢笼，说出让自己追悔莫及的话。追求直率和坦诚本没有什么错，可是不分场合地随意讲话，不讲究分寸，就会让人觉得不识大体，给人留下非常糟糕的印象。管不住自己的嘴终有一天会为自己的过失买单。我们知道牡蛎在月圆之时会张开大嘴，螃蟹发现了它的这个特点，便将一块石头或一根海藻塞进去，牡蛎壳再也关不上了，于是成了螃蟹的大餐，这说明开口太多便会受制于人。

语言是交流的手段和沟通的艺术，在社会飞速发展的今天，人与人之间的交流在日常工作和生活中起到的作用越来越重要。人离不开说话，就像鱼离不开水，但是说话并不是简单的口头表达，里面蕴含着人情练达的学问。朱自清说："人生不外言动，除了动就只有言，所谓人情世故，一半是在说话里。"人嘴两张皮，轻轻一碰便有了语言，说话似乎是件很容易的事情，可是把话说得轻重有度、褒贬有节、进退有余就没有那么容易了，火候和分寸并不是那么好拿捏的。

古希腊寓言大师伊索在做仆役时，有一次，主人要设宴款待哲学家，吩咐伊索准备上好的佳肴。伊索用各种动物的舌头设了一场"舌头宴"。客人入席后，主人看到餐桌上摆放着一盘盘舌头，不禁吃了一惊，赶忙问伊索："这是怎么回事?"伊索镇定自若地回答道："您吩咐我用最好的菜肴招待这些尊贵的客人，我觉得舌头能言善辩，对于哲学家来说，这不是世上最好的菜肴吗？"客人们觉得伊索言之有理，都赞同地点头称是，一场"舌头宴"吃得宾主尽欢。

客人离开后，主人又吩咐伊索说："明天我还要举办一次宴会，你要用最差的菜来招待客人。"第二天的宴席上，伊索又端上来一盘盘动物舌头，主人困惑不解，大发脾气，责问伊索为什么又用舌头待客，伊索回答说："难道您不知道祸从口出吗？舌头既是世上最好的东西，也是最坏的东西啊。"

口吐莲花、能言善辩，能使舌头变成打动人心的工具，直言快语、出言不逊则会使舌头变成世上最坏的东西。直性子的人总以为真诚是沟通的良药，我们不否认这一点，真诚待人在人际交往中是非常重要的，可是说话一定要讲究技巧，尤其要注意分寸，否则即使你态度再诚恳，表达的效果也可能适得其反。

明代开国皇帝朱元璋出身寒微，小时候给别人放过牛，还曾为了生计出家为僧，成为一代君王之后，儿时的贫贱之交都想来投靠他。朱元璋是念旧的，有时也想见见昔日同甘苦、共患难的老朋友。不过作为堂堂帝王，朱元璋有很多顾忌，毕竟儿时的旧友都不是体面之人，很可能说出一些有损皇家威仪的话，所以在面见故交时很是犹豫，思考再三后，他仍决定去见一些老朋友。

有一天有个穷朋友一到大殿就向朱元璋跪拜，口中还念念有词："我主万岁！当年微臣随驾扫荡庐州府，打破罐州城。汤元帅在逃，拿住豆将军，红孩子当兵，多亏菜将军。"朱元璋听他说得委婉动听，又能忆起昔日的许多旧事来，心情甚好，于是重重地封赏了这位穷伙伴。

消息传出后，另外一个穷伙伴也迫不及待地觐见了朱元璋，他进入大殿后，直接对朱元璋说："我主万岁！你还记得吗？小时候，我跟你一起给别人家放牛，有一天我们肚子饿，偷了很多豆子，来到芦苇荡里，用瓦罐煮豆子吃，豆子还没熟，大家就已经等得不耐烦了，纷纷抢着吃，罐子被打破了，豆子撒了一地，汤也溅在泥里，你只顾趴在地上抓豆子吃，不小心吞进了一片红草根，卡在你的喉咙里，你难受得一直在叫，后来是我出的主意，叫你把一把青菜叶子吞下，这才把那红草根带进了肚子。"朱元璋听后，感到又羞又恼，大声喝道："哪来的疯子，在这里疯人疯语，快把他拖出去斩了！"

　　说话要讲究尺度和分寸，这样别人才容易接纳你。说话不懂策略、毫无节制，言语冒失，就会让人觉得不知深浅，同样一席话由不同的人口里说出来效果是完全不同的。朱元璋的两个穷伙伴，一个讲话知书达理，分寸拿捏得恰到好处，另一个则直来直去，说话不分场合，也不看说话对象，作为听众，当然喜欢前者厌恶后者，难怪一个被重赏，一个却受到了最严厉的处罚。说话除了要知深浅以外，还要因时因地因人而异，在正式或隆重的场合，要庄重一些，在私下场合里，语言要活泼幽默，同性格开朗的人交谈，你可以畅所欲言，但说话也不可过头，和性格内向的人谈话，更要慎言，无论和任何人交谈，说话都要得体，不要让听者心里不痛快。

　　说话能力的高低体现着一个人的修养、内涵和素质，一个人的说话水平能反映出其处事能力的高下，直言者要学会改变自己的说话风格，凡事讲究分寸，言论不可太过，言语不可太过直接尖锐，这无论对于个人发展还是平常交友都是非常重要的。

让舌头绕个弯：把"不"字说得悦耳动听

喜剧艺术表演大师卓别林说："学会说'不'吧！那你的生活将会美好得多。"在现实生活中，没有人能做到有求必应，但是人们大多在说"不"的时候感到难以启齿。大多数人都不想让别人失望，即便是别人触犯到了自己的底线，也不会说"不"，这种界限上的模糊，很容易让自己背负巨大的心理压力。

而现实生活中，还有一种人的表现则完全相反，他们认为说"不"是自己的权利，他们有权拒绝自己不想做或者做不到的事情，可是由于拒绝时过于直截了当，语气太过生硬，失了分寸感，结果不是让人觉得不近人情，就是惹恼了一些有求于自己的人，使自己与他人的感情日益疏远，有时还会因此得罪了别人而丧失了大好的发展机会。

马军武在快下班时突然接到了同事赵超的电话，赵超请求他赶快帮自己写一个新的策划案给客户，客户已经催过好几次了，他实在挤不出时间来完成这项工作。最近大学时的同学来看他，他一直忙着带同学四处去看名胜古迹，还要和他们一块爬山，策划案还没来得及动笔，心里非常着急。

马军武和赵超既是要好的同事，又是私交甚密的好朋友，两个人在周末经常约在一起打球，平时也非常喜欢聊球赛，对体育明星的事迹如数家珍。赵超喜欢马军武率真和洒脱的性格，觉得跟他在一起没有压力，心情愉快，马军武则欣赏赵超的幽默感，两个人互相欣赏，似乎有说不完的话题。马军武并不是没有助人为乐的精神，只是最近他工作压力很大，常感到精神不济，实在没有多余的精力替赵超写策划案，于是直接拒绝了赵超的请求。

赵超不甘心，又一阵软磨硬泡，几乎费尽唇舌，马军武再次态度坚决地拒绝了他。赵超十分生气，对马军武说："我一直把你当成最好的朋友，没想到你会这样对我。"马军武一听，急了，直通通地说起气话来："我怎么对你了？你去游山玩水，让我为你赶策划案？""你是这么想的吗？你以为我喜欢请假游山玩水？我又不是带薪休假，是要扣工资的。我这个大学同学是我这辈子最要好的朋友，刚从国外回来，过不了几天又要出国了，我不过是想尽一点地主之谊。"马军武并不接受这种解释，他气呼呼地说："为了你最好的朋友，难道想把我逼成神经衰弱？""你不帮忙就算了，怎么说话这么难听呢？"赵超啪的一声挂断了电话。

因为一次拒绝，马军武和赵超几乎形同陌路，两个人私下里断了来往，在工作上也不肯互相配合。老板因为经常出差，并不知道两个人已经有了间隙，有了新项目，仍然把两个人安排在一组，由于互相怄气，他们最后把项目搞砸了。老板本来打算等项目完成后，大力提拔这两个年轻人，没想到他们表现那么差劲，一怒之下就把两个人一起辞掉了。

事后，马军武说自己那次不是不想帮忙，只是他压力太大，实在是有心无力，赵超说："我不怪你拒绝我，可是你可以好好把话说清楚，你那天说话真的很难听，语气又那么生硬，我当时一生气就和你吵起来了。"

一些人在拒绝别人时干脆利落，从不拖泥带水，但是语气过于冰冷生硬，容易积怨。如果能在拒绝别人的请求时，换一种口吻和方式说话，就会更容易让人接受。比如别人要求你帮忙做外出的工作，而你正忙于手头的工作任务，实在抽不出身时，如果直接说

"我很忙"，就会让人听了很不舒服，毕竟你并没有日理万机，"很忙"和"我不想帮你做这件事"几乎可以完全等同起来，如果你能详细地解释自己拒绝的理由："实在对不起，我手头的这项工作更加急迫，上级要求我今天必须完成，我真的挤不出时间帮你做事。"那么沟通的效果就会大不一样，至少会获得对方的谅解。

有时你得罪人，不是因为拒绝了别人，而是因为拒绝的语言和方式触犯了他人的尊严，伤害了他们的感情。比如对有求于自己的人说"这件事恕难照办"，对伸手向自己借钱的人说："我没有钱借给你，如果谁向我伸手我都肯借，恐怕我自己都要露宿街头了"，对求自己帮忙做工作的人说："自己的事情应该自己做，我凭什么要帮你的忙"……如果求人的是你自己，你又该做何感想呢？一定会为对方的无理而感到恼怒，甚至记恨对方。

拒绝是不可避免的，但是必须采用恰当的方法，要有分寸感，不要轻易地断然回绝别人，先要用抱歉舒缓的语气平息对方的情绪，开口时要加上"实在对不起""非常抱歉"等话语，然后给接下来说出的那个"不"字加上合情合理的注解，让对方明白你拒绝他也有苦衷，是无可奈何的，以此获得对方的谅解。最好在拒绝别人时能给对方提供一个替代方案，比如你因为种种原因不能送对方一盆茉莉花，但可以通过送给他（她）一盆蔷薇的方式来降低其挫折感。

远离刻薄，为语言加点"人情味"

生活中，一些人在情绪冲动的时候为了表达内心的憎恶或者愤怒，说起话来会显得极为刻薄、冷漠，这种失分寸的行为很容易招人厌恶。等他们将心中的郁闷发泄完了之后，再回想自己的话则会后悔万分，再想去弥补，可为时已晚。这也是很多人不受人欢迎的主要原因之一。在社交场合，人人都喜欢与那些为人处事讲分寸，说话带有"人情味"的人交往。一个活泼开朗、对生活保持一颗好奇心的人总是能够与大家分享他的快乐，利用自身的亲和力去吸引众人，成为一个受欢迎的人。

在一家咖啡厅中，有两位中年女人在肆无忌惮地评论一个携外籍男友买单离去的女孩子。一个说她的腿那么短，看来是不能穿长筒鞋子了，不然鞋穿上去就要碰到屁股了；另一个说，那个女人那么肥胖，水桶腰，怎么还找了外籍人呢，难道外籍人都喜欢胖的？说完，就哈哈大笑了起来，邻桌一位风度翩翩的男士看到了，说了句："她们的行为彻底将她们的容貌毁掉了！"

一个人的语言如果失了分寸，过于刻薄，那他一切的美感便都会消失得无影无踪。在社交中，许多人觉得，当众指出他人的缺点，对自己讨厌的人说出自己的内心感受，体现了自己的真实、不虚伪，这没有什么不对。但是却没有意识到那些丧失分寸感的刻薄，真的会伤及别人的心。

现实生活中，类似刻薄的声音总是充斥于我们的耳边：

当朋友买的房子被人夸赞时，刻薄的女人则会撂下一句冷冷的话："你那房子除了地段好也没什么优点了。"

当女同事的老公出差给她买回一件漂亮的衣服时，她会带着嘲笑的口吻说："你老公眼光怎么这么差呀，竟然给你买这种衣服！"

在大街上，看到时尚的女性背了个名牌包包，她会不屑地冷语："跟你说了别买这种水货牌子的包包了，要买就买好点的。"

尖酸刻薄的人，表面上是不屑、攻击，实际上是自我安慰！她们故意夸张别人的"坏"，其实也是心胸太过狭窄，适应不了别人的"好"。因此，从现在开始，请远离刻薄吧！它是一种损人不利己，庸人自扰的行为。

总之，刻薄可以让一个人丧失全部的魅力！

而一个讲分寸、有修养的人，内心一定是充满爱的，是善良的，是宽容的。一位哲学家说："一只脚踩扁了紫罗兰，它却把花香的味道留在了脚上。"这就是宽恕的魅力。可许多人只是随着岁月徒长了年岁，却没有增长任何与其年岁相称的成熟，实在是一件令人感到遗憾的事！

有分寸的批评：旁敲侧击胜过"直截了当"

每个人在生活中都会遇到一些不公之事，很多性情中人，会忍不住怒火中烧，在批评人的时候毫不留情，极容易丧失分寸感。尤其在抓住对方的一个短处后，便会劈头盖脸地直骂一通。这样得到的结果便是：使人远离，伤人害己。

其实，无论你经历了什么或别人使你有多气愤，直言不讳最终只会让你成为不讨喜的人。而那些内心淡定者，都善于运用旁敲侧击的方法去应对。所谓的"旁敲侧击"，是一种讲究艺术和分寸的批评方法，即运用智慧将道理"拐个弯"，从侧面去说服。这样既不会把话说破，同时又会让对方了解你的意思，保持了和谐的人际关系，可以在轻松之中达到说服的目的。

一位妇人到超市去买菜，一边挑选，一边把一些稍不新鲜的菜叶给摘掉了。营业员看到了，也不好意思直接说，只好笑着对那位妇人说："这菜叶长得真不结实，你看早上拉回来的新鲜菜，没多久，这菜叶就掉完了！"

这位妇人愣了一下，然后就不好意思地停下了自己的手，再也不摘菜叶了。

营业员故意把妇人的行为说成是菜不够新鲜，既没有让她失去颜面，又照顾了超市的生意，起到了很好的效果。其实，旁敲侧击讲究的是智慧，所以，生活中我们在说话时，一定要懂得迂回的技巧，重视说服策略，这样就能做到"妙接飞镖，暗中回掷"。一旦掌握了旁敲侧击的本事，你就可以在双方不发生任何语言冲突的情况下将问题解决，还可以化解彼此间的矛盾，让对方佩服你的口才，接受你的意见。

很多时候，当我们面对陌生人或者自己不能得罪的人时，"直言"并不能起到积极的作用，而旁敲侧击则能婉转地表达我们的意见或建议。这种说话方式暗示性、启发性强，如果对方能够接受，则可以不动声色地将问题解决，即便对方无法接受，也无关大局。

某个广告公司要举办一次研讨会，邀请了一些国内著名的艺术家。而活动的策划者刘香因为第一次承担此重任，在活动开始前十分钟才发现，把艺术家的姓名卡忘记带到会场了。

刘香的顶头上司张芸恰巧在前一天晚上，发现了留在办公室的桌签，于是就将其收好，放到自己车的后备箱里，第二天就将之带到会场来了。

就在刘香准备推迟活动，亲自到商务中心打印时，张芸及时将桌签递了过来，并对其笑着说："我现在可是你的跟班了，下次没有我这个跟班，可要多加注意了。"

从此以后，刘香再也没有犯过类似错误，并且后来的两年中，多次为企业策划出重要的具有影响力的活动，取得了卓越的业绩，成为张芸手下最得力的干将。

面对刘香的错误，张芸没有气急败坏地给予尖刻的批评，而是善意地提醒她，并且还跟她善意地开了个玩笑，让对方积极地改正了自己的错误，成为能力最强的员工之一。

可以说，善意的劝解比直接的批评更能够征服人心，让人产生积极的力量，从而改正错误。同时，她们也在对方心中留下了良好的印象，让人倍感亲切，从而让人心生尊敬和崇敬。

刘霞是一家建筑公司的设计师，平时有事没事就会到工地去检查。有一次，她去施工工地检查工作，发现有的工人没有戴安全帽，因为不戴安全帽属于违规行为，于是马上就对那些施工人员提出批评，命令大家戴上安全帽。

虽然受到批评指正的工人，按照她的要求戴好了帽子，但是一个个显得不悦，内心咕叽着："吆三喝四的。"而且等她离开，便又将帽子拿掉以示反抗。

刘霞觉得这样不行，但是自己又不能失职，于是开始转变自己的行为方式，当她看到有工人不戴安全帽时，就不再批评大家了，而是问道："是不是帽子戴起来不舒服，还是帽子的尺寸不合适。如果不合适的话，我想办法帮大家换一个吧。"

并且还时不时地提醒工人戴安全帽的重要性，然后要求他们在工作的时候最好戴上。经过这样的转变，效果比以前好多了，也没有工人显得不高兴了。

刘霞最初对工人的批评是以一种敌对的态度，之所以能够暂时地让大家改正，完全是被逼迫的。后来以一种关心的方式暗中指出大家的不对，充满了对大家的关心，使得工人们渐渐主动地听从了她的建议，慢慢改正了自己的行为。这就是旁敲侧击法的好处。

当然，我们在使用旁敲侧击的方法时，采用类比比喻法不失为一个极好的技巧。我们可以通过两种具有某一个相似点的事物来做比较，从而达到暗示或者警告对方言行不当的效果，使他明白自己心中的不满，更让他知道你说得没错，从而心悦诚服地顺从你。比如，当你面对一个充满悲观情绪与恶习的人，你不妨告诉他："你看，这马路边的树每年都要修剪，总要被工人剪去那么多的枝杈，可它却还是活得那么健康，比咱们都长寿！"这种委婉含蓄的说话，既避免了枯燥无味的说教，又能给予对方启发，从而达到说服的目的。

在旁敲侧击的过程中，我们一定要注意自己的态度。侧面的敲打一定要柔和，强度一定要在别人能够接受的范围内，不然把别人敲打"火"了，你的话语便失去了意义。尤其是在说服女人的时候，我们更应该保持和蔼的态度，因为女性朋友的自尊心较强，心理也较敏感，一切都爱以自我为中心，很难容忍"凶巴巴"的口气。这个时候，我们就必须采用柔性的敲打法，而不与其进行争辩，否则，你再有道理，对方也不会认同和服从。

批评孩子讲分寸：借用事实进行启发

生活中，与孩子相处时，难免会发现孩子犯错。身为家长的我们，要对孩子进行教育批评，可有失分寸感的批评，比如直接用尖刻的语言去辱骂孩子或者用一些不当的方式对他们进行惩罚，这样很可能会伤害孩子的自尊心，对孩子以后的成长造成诸多的困扰。实际上，要想让孩子不动声色地主动听你的，就要讲究说话的艺术和分寸，比如我们可以运用事例对他们进行批评教育，让孩子内心在产生触动的同时，牢牢地记住教训。

孟子小的时候，读书很不用功。有一天，孟子放学回到家里，孟母坐在织布机前问儿子说："《论语》的《学而》篇会背诵了吗？"

孟子回答说："已经会背了。"

孟母听了非常高兴，于是就说："背给我听听。"

于是孟子就开始背了："子曰：'学而时习之，不亦说乎？'"

可是背完这一句，下面的就不会背了，总是翻来覆去地背这一句。

孟母知道孟子没有好好读书，于是索性举起一把刀，把自己刚刚织好的布割断了。

孟子看到母亲的举动，感到非常害怕，不知道母亲为什么突然把好好的布给割断了，忍不住问孟母是怎么回事。

孟母说："你的学习就像我织布一样，如果你不专心读书，就像断裂的布，断了之后就再也接不起来了。学习就要时时努力，如

125

果不做到温故而知新，就永远学不到真本领。"

孟子听了母亲的话，触动很深，从此以后，他牢牢地记住母亲的话，起早贪黑，刻苦读书，终于成为亚圣。

孟母对孟子没有简单地批评说教，而是通过割断布匹的实际事例来对他进行批评教育，给孟子以深深的触动，很好地达到了批评教育的目的。

乐羊子这个人总是不能好好地进德修业，常常受到妻子的批评。有一次乐羊子在路上捡到一块金子，就拿回家给了妻子。没想到妻子却说："我听说有志气的人不喝'盗泉'的水，廉洁方正的人不吃施舍的食物，何况是捡拾别人的失物，难道要拿这东西来玷污自己的品德吗？"乐羊子听后感到十分惭愧，于是立刻就按照妻子的意思，把金子丢弃到野外，然后远出拜师求学去了。

可是过了才一年的时间，乐羊子就跑回来了，妻子问他："你不是出去求学吗？为什么这么快就回来了呢？"

乐羊子说："在外面待久了，心中想念家人，也没有别的特殊的事情。"

妻子听后，就气得立刻拿起刀快步走到织机前说道："你看这些丝织品，他们都是从蚕茧中抽出来的，然后又在织机上织成。一根丝一根丝地积累起来，才达到一寸长，一寸一寸地积累，才能成丈成匹。现在如果割断这些正在织着的丝织品，那就无法成功织出布匹，白白荒废时光。你积累学问，就应当'每天都学到自己不懂的东西'，以此成就自己的美德；如果中途就回来了，那同切断这匹布又有什么区别呢？"

乐羊子被妻子说得一句话也说不出来，于是重新回去继续自己的学业，连续七年都没有回家，终于完成了自己的学业。

这个事例与孟母"断机教子"的事例比较相似。妻子为了教育乐羊子不能为了贪利而玷污了自己的德行，让他把金子给扔了。妻子为了让乐羊子懂得要坚持每天学习才能完成自己的学业，就拿刀去割布匹。这些真实的事例，对乐羊子产生了切实的教育作用。

总之，身为家长，批评孩子是需要讲究技巧和分寸的，摆事实、讲道理可谓是一个不错的让孩子改正错误的方法。

下"逐客令"也要有分寸

现实生活中，我们总会遇到一些"好聊"人士，他们在客厅或者办公室里东拉西扯。最让人郁闷的是，有些话题你毫无兴趣，他却滔滔不绝，没完没了，一点停下来的意思都没有。有的时候，我们想要有时间做自己的事，他却在你的旁边没完没了地唠叨，扰你清静。这时，如果你心软又好面子，对这些客人不阻止，只会浪费自己的时间，而如果强制"逐客"，但往往会伤了和气。为人处事讲分寸感的人，就懂得运用高超的语言技巧做到两全其美，既不挫伤好话者的自尊心，又能让对方知情识趣，巧妙达到自己的目的。

一次，一位朋友到张悦家中做客，那位朋友待了很久都没有要走的意思。无奈之中，张悦心生一计，对朋友说："我新买了一套餐具，很是漂亮，你帮我看看怎么样。走，我们到厨房看看。"朋友听到后欣然而起，于是就陪张悦到厨房，夸赞一番后，说："这些餐具真不错，今晚做饭就试着用用，一定能让人多吃不少饭呢。"这时，对方又下意识地看了看窗外，说："你看，天色也不早了，我也该回家做饭了。"

张悦将意图隐藏在行为中，聪明的人一下子就能明白其中的意思，既达到了拒绝的目的，又不伤感情，很是巧妙。

聪明的人在下逐客令的时候，不会很直接，他们会用隐蔽的语言或行为暗示对方。比如，她会说："我多想和你多说说话啊。不过，我最近接了一个繁重的工作项目，一定要赶工了，争取明天交上去。有时间，咱们也聊个通宵。"或者，也可以说："下周要完成任务，你看我最近加班加得都没什么精神，你可千万别见怪啊！"这句话的潜台词就是："我最近非常忙，还要赶进度，没有那么多时间和你闲聊。"

再比如，他们也会说："最近我老公感冒，晚上还要加夜班，很辛苦。咱们说话是不是要轻一点儿？"这句话用商量的口气，却传递着十分明确的信息：你的拜访妨碍到了我丈夫的休息，我们还是下次再聊吧。

逐客令的另一种不失分寸感的方法就是：用热情的语言、周到的招待代替冷若冰霜的表情，使好闲聊者在"非常热情"的主人面前感到今后不好意思多登门。爱闲聊者一到，你就笑脸相迎，沏好一杯茶，捧出瓜子、糖果、水果，便可以将对方吓得不敢贸然进来。如果你用接待贵宾的高规格迎接他，而他一般也不敢总是以"贵客"自居。很多时候，过分热情的实质无异于冷待，这就是生活辩证法。但以热代冷，既不失礼貌，又能达到"逐客"的目的，效果之佳，不言自明。

其实，隐晦曲折地表达自我意图的方法有多种，这样既委婉地维护了彼此的感情，又让自己的事情得以解决，可谓两全其美。

总之，在社交活动中，我们无论对谁讲话都要有点风度，给人留点面子，不要太过直白。即便你是在谢绝别人的来访，也应该努力以一种平静而诚恳的神情讲话。因为在一般情况下，对于一个客气的"逐客令"，人们是不可能非议的。

128

拒绝也要讲分寸：巧拒他人不伤感情

多数时候，所谓的"分寸感"就是懂得用心里的尺子，去猜测旁人心中究竟需要什么，并且不露痕迹地配合。而在生活中，当我们从朋友的话语中听出他们有求于我们，而我们却因为一些原因无法答应，需要拒绝时，我们也应该懂得有分寸感地巧妙应对，避免太过鲁莽地伤及两人的感情。

《三国演义》中有这样一个场景：

蒋干本想替曹操去做说客，劝周瑜投降。而周瑜听说蒋干求见，便立即清楚了对方的用意。于是，见面就叙情道谊，还设宴款待蒋干，并且还对帐下的将军说道："蒋干是我的老朋友，虽然从曹操那边过来，但不是为曹操做说客的，今天只是叙旧情，不谈战事。如果有谁敢谈战事，就当场斩首。"

此话一出，蒋干准备得好好的说词，无论如何也无法说出来，最后只有稀里糊涂地放弃了劝降的计划。

蒋干本来是要劝说周瑜投降，但是被周瑜封住了嘴巴，无法把自己的请求提出来，神不知鬼不觉地达到了拒绝的目的。所以，有分寸感的人，要想拒绝他人，可以尝试运用这种方式。

这种拒绝方式必须建立在事先了解了对方真实意图的基础上，再巧妙地等对方开口前将对方的"嘴巴"堵住。同时，在说话的时候，还要让对方觉得我们完全不知道对方有求于我们。从而在不伤及彼此感情的基础上，让对方知难而退。

一个个体经营户，听说发小胡小龙要向自己借钱，他知道发小是一个不务正业游手好闲之人，就是到处胡混，如果把钱借给他，那肯定就是肉包子打狗了，可是又不能直接得罪他。于是当他到来的时候，还没有开口说话，个体户就说道："你今天来得正是时候，我正要找你呢，这几天真是把我给急死了，最近有一批货非常便宜，但是要一次性交钱，借了好多地方都没有借足，正准备去求你想点办法，帮我几万元的忙。"

胡小龙一听，马上就哈哈大笑起来："我的天啦，我就是来这里向你借钱的，你竟然向我借钱？真是有意思。"

于是彼此就随便说了几句话，胡小龙就又找别人去了。

本来是胡小龙要来向个体户借钱，但是个体户却率先向胡小龙借钱，既说明了自己没有钱借给他，也说明自己与他一样处于需要借钱的困境，怎么可能借钱给他呢？胡小龙只得放弃了这种念头。

事实上，拒绝之前先"堵"人，首先就是让人觉得我们完全不知道对方有求于我们，哪里还知道我们有拒绝的意思。尤其是对于以攻为守的拒绝方法，更是让人家"清楚"我们的所思所想，从而让对方知难而退。最后是既达到了拒绝的目的，也不伤彼此之间的和气。这就需要我们消息灵通，善于推测别人的意图，并迅速果敢地进行堵截。

总之，我们要表达拒绝的意思时，一定要把握好分寸，顾及对方的面子，不要直接说"不行"，而是要学会寻找一些理由，让对方觉得你拒绝得"理直气壮"。当然，你所找的理由最好是真实的，如果不是真实的，那么也尽量找一些让人可信的理由，否则，就容易让熟人变陌路。

提意见也要有分寸：忠言也可以不逆耳

《三国志·吴志·孙奋传》中说："忠言逆耳，唯达者能受之。"其意是，正直的忠告之言，听起来很刺耳，只有通晓事理的人才能够接受。但是，懂分寸感的人则可以善于利用语言的艺术，将"忠言"外面包层糖皮，让它听起来顺耳。

生活中，我们在向他人提出建议或者指出对方错误的时候，如果总是直言直语，最终建议难以获得采纳，反而还会遭人排斥。我们可能会想：自己明明是一片好意，为什么好心得不到好报呢？的确，自己的一片良苦用心不仅得不到回应，还遭人恶厌，想想都觉得冤枉。其实，这主要是因为我们在向他人提建议的时候，不懂得委婉的说话技巧。"忠言"固然刺耳，但是，如果你能掌握语言技巧，忠言照样可以说得顺耳无比。

《史记》里有一个刘邦与秦宫的故事。

刘邦大军攻入咸阳，看到豪华的宫殿、美貌的宫女和大量的奇珍异宝，许多人便忘乎所以，昏昏然，以为可以尽享天下了。连刘邦也情不自禁为秦宫里的一切倾倒，想留居宫中，安享富贵。武将樊哙冒死犯颜强谏，直斥刘邦"要做富家翁""是想得天下，还是想学秦王？"气得刘邦大发雷霆。

张良知道这件事后，规劝刘邦说："夫秦为无道，故沛公得至此。夫为天下除残贼，宜缟素为资。今始入秦，即安其乐，此所谓'助桀为虐'。且'忠言逆耳利于行，毒药苦口利于病'，愿沛公听樊哙言。"张良一席话，既没把樊哙之功据为己有，又把利害关系说得清楚明白，且娓娓而谈，循循善诱，使刘邦幡然醒悟，重又率军驻扎到咸阳城外，揭开了楚汉相争的序幕。

其实樊哙和张良对刘邦讲的道理是一样的，都是治病良药。但是因为樊哙说话过于直白、刺耳，不讲分寸，使刘邦感到"苦口"，不但没起到好的效果，还几乎招致杀身之祸。而张良则讲究语言的艺术，把批评的话讲得极为"甜口"，使刘邦欣然接受了他的建议，达到了规劝的目的。张良就是把忠言的逆耳变成了顺耳。在生活中，女人也要掌握这种说话艺术，在建议性的话语开口之前，一定要讲求策略，为你的能力和魅力加分。

刘岑是上海一家外企的高管，有一次她批评她的助理时说道："你今天的打扮很得体，妆也化得很精致，真是迷人极了。不过，如果你以后对待工作也能那么细心，不再总是出现错别字，那么，我相信你做的文件一定会像你一样漂亮！"助理听罢便心悦诚服地改正了错误。从此之后，文件再也没有出现过任何的错误。

其实，刘岑并没有直接用威严去训斥助理的错误，相反，她以极富分寸感且机智风趣的话语十分巧妙地指出了对方的缺点，既让助理觉得面子上过得去，同时又能心悦诚服地接受她的批评。

聪明者都懂得，指出他人的问题并不一定要以伤害对方的感情为基础。要知道，有效的批评是可以从赞扬开始的。而巧妙地暗示对方的错误，或者先批评自己再去批评他人，这些都是帮助别人改正错误或者解决问题的好方法，这样做既可以保住他人的面子，又能让他意识到自己的毛病，可谓是"两全其美"。

要记住，无论是什么问题，友谊永远比问题更重要。谨记这一点，提意见就可以给予人们力量，而不是痛苦。

谈话一次就已经足够。一旦问题解决了，不要再提起它。即使你有身份、学识或经验非凡，也不要把它用以给别人施加压力。这会让别人与你配合时感觉压抑。你只要简单地把问题解释清楚，然后在他们解决问题的过程中给予帮助。让你的学识与经验自动放出光芒，不要利用地位去达到目的。

不便直言，就采用有分寸感的暗示

在现实生活中，我们都会遇到向他人提出自己诉求的状况。在那样的状态下，我们如果直言便会有失分寸，这个时候，就要懂得运用含蓄的语言或者暗示性举动向对方发出某种信息，以此来让对方明白你的意图，从而达到自己的诉求。

一次，在一个小区的居委会里，几位老太太反映晚上不安静。楼上的年轻人每天很晚还在忙来忙去，老人们在楼下很难睡安稳。这属于两代人的生活习惯问题，作为居委会领导，如果直接去训斥这些年轻人，一定会使他们对老人心生忌恨，激化矛盾。

于是，居委会大妈想了这样一个办法，她在与这些年轻人闲谈时，讲了这样一则笑话进行暗示：在一个居民楼里，楼上住着一位青年，楼下住着一位老人，经常难以入睡。而楼上那个青年恰巧又上晚班，青年每天回家，双脚一甩，鞋子"噔噔"两下，重重地落在地板上，每次都将好不容易才入睡的老人惊醒。老人在第二天就向青年提了意见，当晚小青年下班回来，习惯性地甩出了一只鞋，刚甩出第一只鞋之后，他意识到不对，便轻轻地脱下了第二只鞋。第二天一早，老头埋怨小伙说："你一次将两只鞋甩下，我还可以重新入睡，你留下一只没有甩，害得我等你甩第二只鞋等了一夜。"

笑话说完，年轻人并没有觉得好笑，而是悟出了笑话是有所指的，他们明白了自己的不礼貌行为。从此之后，楼下的老人晚上开始睡得安稳了。

这种模糊性的暗示语言艺术，能使你有一定的灵活性，力避被动，争取主动。当然，暗示性的语言有很多种，概括起来大致有以下几种，掌握了便可以运用，也可以捕捉对方的暗示。

1. 故事暗示：以讲故事的方法暗示对方。

2. 笑话暗示：依靠某种隐蔽的观点，以便使他人形成一种印象，认为这些观点正是自己思维的产物，并于脑中形成思维定式。

3. 诙谐暗示：即以诙谐、幽默的语言向被暗示者传递信息。

4. 故意把话题引开，以暗示自己内心的想法。比如：

Ａ：王进竟然当上了部门领导，像他这样业务水平差的人，也能做领导……

Ｂ：昨天我给孩子吃了你推荐的药，还挺管用呢！

Ａ：在他手下，以后的工作业绩是很难提升了！

Ｂ：我给我妈也用用，她总是感冒……

从以上两个人的对话中不难看出，一再岔开话题是为了向对方暗示：他不愿意在背后议论别人。如果知趣，说话至此，也该停止对别人的议论了。

5. 侧面暗示：从侧面提出一些看似与主题无关的话题，可以此来达到启示、提醒、劝阻、教育他人的目的。反过来，你也可以领会对方侧面说话的意图。

6. 比喻暗示：用比喻的方式进行暗示。

7. 反问暗示：很大程度上取决于对方的智商，因为谜底被深深地埋在谜面下。

8. 借物暗示：在同一语境中，故意说其他事来表达心声。

暗示性的语言可以有效地避免直言给他人带来的不便、尴尬和难堪，可以有效而含蓄地达到交流的目的。

第四章

行事知进退，为人有气度
——知深浅、懂取舍、识大体是一种修养

在人际交往中，距离感更多地体现在能站在他人的角度看问题，拿捏好行事的尺度，给人留面子、留余地。分寸感也体现在能把握好人与人之间的距离，对他人有一种推己及人的尊重，善意的保护。在生活中，办事顾及他人的感受，点到为止，留有余地，懂得将心比心，与人交往知进退、知深浅、懂取舍、识大体。

《三国演义》里有一句话："处事不分轻重，非丈夫也。"做人行事要分清楚轻与重，把握好与人交往的距离感和分寸感，才能让人舒服，让己舒心。

留心他人的忌讳，守住他人的尊严

在生活中，每个人都有不愿意被他人涉足的隐私和圈子，比如之前的一些挫败经历、磨难或情感经历等。但总有一些人，打着"关系好"的旗号，随意地调侃，做事不懂轻重，暗地里对人说三道四，不仅对对方的私事刨根究底，甚至还随意地干涉别人的私事，这样的人自然极容易招来他人的忌恨。

一户人家要办满月酒，宴请宾朋好友，住在隔壁的邻居张阿姨听说后犯了愁：家里的女儿张虹平时说话就有些尖酸刻薄，经常爱戳人痛处，一开口便会惹得众人不开心。但是，邻里之间的，不带张虹去帮忙，又怕邻居们说闲话。

结果张虹一再保证自己当天绝对不多说一句话。满月酒的当天，家里人就带着张虹去帮忙了。

在邻居家中，张虹果然一语未发，张阿姨也逐渐放下心来。直到最后，她们帮完忙要离开的时候，张虹突然对着孩子的父母大声说："这回我可什么话也没有说，你家孩子要是将来生病了，可不关我的事啊！"

其实，张虹并没有恶意，但是她的话却犯了忌讳，难免会让人生厌。留心对方忌讳，在交际上原是小事，对彼此交情却有极大影响。你在社会上做人，冤家越少越好，因为说话不识忌讳，多遭空心冤家，更不值得。《尚书·大禹谟》中说，"惟口出好兴戎，"口舌之过，最宜深戒！

沈彤性格内向，不太爱说话。可每当别人就某件事情征求她的意见时，她说出来的话却总是很伤人自尊，而且她的话总是能直戳别人的痛处。

有一次，同办公室的一位同事穿了件新衣服，别人都称赞"漂亮""合适"。

可当人家问沈彤感觉如何时，她却毫不犹豫地回答说："说实话，你的这件衣服虽然很漂亮，但是穿在你身上就像给水桶包上了艳丽的布，因为你实在太胖了。而且这个颜色对你这个年纪的人来说显得太嫩了，根本不合适！"

从此之后，这位同事再也不穿这件衣服了。几个月过去了，沈彤曾问那位同事："好几个月都没看见你穿过那件衣服了！"

"其实，那件衣服已经丢掉了，我已经忘记它的样子了。不过，你说过的话，让我时常想起它带给我的痛！"同事回答道。

的确，没有人能彻底忘掉别人对他的侮辱，即便那个人曾经有恩于他，或者他们曾经是很要好的朋友，所有的这一切，都无法弥补在语言上对他人所造成的伤害。

在现实生活中，有些人或者是因为逞一时之快或者是有意给他人难堪，经常做出一些犯忌讳、伤害他人尊严的事，轻则惹人生厌，重则可能将极其深厚的友谊葬送。其实，有许多语言伤害本身是完全可以避免的，只要我们学会设身处地地为他人考虑，保全他人的面子。

另外，一个懂分寸的人在与他人交往的过程中，是不会把话说死、说绝、说得自己毫无退路可走的。比如，她们绝不会说："我永远不会像你一样做那样的蠢事""谁像你那样从不开窍，这么简单的问题都解决不了""看你那德行"等等，这样的话，谁听了也不会舒服，人人都爱面子，而这样绝对的断言显然是极不给人面子的表现。没有人受得了这样的无礼行为，即便他不会立即与你兵戎相见，大干一场，也会对你怀恨在心而结怨成敌。

其实，生活中多数不愉快的事，多源于我们的口无遮拦，所以学会委婉而含蓄且有分寸地表达自己的意思或意见就显得极为重要，也是我们一生都要修炼的技术。

说话留余地：人情留一线，日后好见面

物极必反是一种自然规律，所以凡事都要留有余地。行不可极处，言不可称绝对。可现实中总有一些人偏喜欢走极端，遇到意见分歧，就会立即丧失分寸感，甚至会口不择言、咄咄逼人，把别人逼得无路可退，如此待人处事怎能不遭人愤恨呢？

明代文学家高景逸曾经说过："临事让人一步，自有余地；临财放宽一分，自有余味。"这句话向我们揭示的是一个极为朴素实用的道理：为人处世，凡事都要有分寸感，留有余地。正所谓"人情留一线，日后好见面"，说的就是这个意思。富兰克林也不赞成妄下断言的做法，他要求自己把"当然""一定"等绝对的词汇从自己的日常用语中删除，而用"也许""我想"等带有回旋余地的词汇来代替。因为他知道盛气凌人的语气必定伤人，话说得越直白越让人抗拒。再智慧的人也不可能完全正确，再伟大的人也不可能获得全世界的认同，给别人留一点质疑的空间，方能体现自己的雅量。

世间万物本是复杂多变的，由于历史文化、人文环境、风土人情等种种的不同，在不同的地域和不同的时空上，人的观念呈现出巨大的差异性。例如热情奔放的民族认为给客人一个大大的拥抱是

友好的表达方式，而理性拘谨的民族偏好私人空间，觉得亲密的身体接触是对自己的一种冒犯。

既然世上没有绝对正确的观点，我们又何苦在谈话中把别人逼向死角，不给对方留有一点回旋余地，非要迫使对方承认我们观点的正确性呢？不给别人留余地，是一种自以为是的表现，这种冷酷决绝的谈话风格会给人带来强烈的压迫感，只会引起更多的争论和敌意。

18 世纪后期，一块巨大的陨石划破长空，降落到了法国小城儒里亚克，惊天动地的响声把居住在周围的加斯可尼人吓坏了，当时人们的天文学知识匮乏，看到教堂旁的房子被砸开的大洞，感到既惊异又恐慌。人们认为这块从天而降的巨石具有某种魔力，觉得它可能会飞回天上去。

由于担心巨石会飞走，人们在上面凿开了一个洞，然后将石头用铁链锁在了教堂门口的圆柱上。之后又给法国科学院写了一封信，对这块来历不明的怪石描述了一番，表示期望科学家能来小城对怪石进行鉴定和研究。儒里亚克市市长非常重视此事，他郑重地在信上签下了自己的名字，证明市民所言全部属实，并派人送信到巴黎。

法国科学院的科学家们，却把儒里亚克市的来信当成了笑谈，人们议论纷纷，嬉笑不断，有的人笑出了眼泪，还有人用讥笑的口吻说："加斯可尼人可真会吹牛，居然说天上掉下来一块大石头，也许再过几天他们又会说天上掉下了 5 吨牛奶和 1000 块香喷喷的牛排……"科学家们听完笑得前仰后合，似乎听到了史上最可笑的笑话，在尽情嘲弄完儒里亚克市民的无知之后，他们以科学院的名义发表了声明，指责儒里亚克市撒下弥天大谎，并对市长的愚蠢表示遗憾，同时对其他科学家说，千万不要相信这封荒唐可笑的信。

后来，作风严谨的科学家到儒里亚克实地查看了那块巨石，证实了它确实来自遥远的太空。法国科学院的科学家们自认为无所不知，觉得自己掌握了绝对的真理，对儒里亚克市民的目击报告冷嘲热讽，一度嘲笑他们的愚蠢可笑，可是在真相被揭开的那一刻，却暴露了他们的无知和愚昧。天降陨石不过是一种寻常的天文现象，在那个时代人们自然无法对其马上做出科学的解释，但是法国科学院的科学家没有经过任何考察，就断定那是完全没有可能的，甚至把别人目睹的事实当成人间笑料，这样的自负和霸道足以证明他们自身的愚蠢。

当你百分之百地断定别人一定愚蠢时，恰恰暴露了自身的狂妄自大和愚蠢，每个人在认知上都有一定局限性，就算站在科学前沿的领军人物也不例外，凡事皆有例外，总有些情况是超乎常规之上的，在没有对别人的观点做出深入的解析，又不能找到足够的论据来佐证自己的观点时，你又凭借什么来证明自己的绝对正确和别人的绝对错误？如果不能证明这一点，为什么要把自己不成熟的见解直接说出来并强加给别人呢？

谈话中留有余地，不仅会给别人提供喘息的空间，也为自己保留了从容转身的机会，让别人下不了台，逼迫别人改旗易帜、双手赞成自己，实在是一种霸道而又不明智的行为。正所谓："弓满则折，水满则溢。"人应该保持一种谦虚谨慎的态度，话不可以说得太满太绝对，也不可说得太直白太伤人，凡事留三分人情，对别人友善一些，双方才能和平相处。

在失意者面前莫谈得意事

在社交场合，人人都有好胜之心，在自己遇到得意之事时，难免会在朋友面前表现出极为得意扬扬的样子。如果在大家都高兴的时候还好，可一旦其中有失意者，那么你的高谈阔论只会招来大家的反感甚至嫉恨。一个人情商的高低，关键看其是否具有共情力，是否能设身处地地体验他人的处境、情绪，从而能感受和理解他人，这考验的是一个人对交际分寸的把握。

张俊是某公司的销售人员，有极强的工作能力，于是，每当与周围的朋友谈及他的工作业绩时，得意之情就溢于言表。

有一次，张俊与几个客户在一起吃饭，一则是为了加深感情，二是想与这些客户探讨一下下一步的工作安排，看是否有合作机会。

刚开始，大家聊得很开心，但是酒一下肚，张俊就口不择言了，加上自己刚拿下了一个大订单，忍不住就开始大谈他的销售"功绩"。

然而，在场的一位朋友是公司负责销售的李经理，看到张俊滔滔不绝地讲话，面色极为难看，低头不语。一会儿去洗脸，一会儿假装去厕所，最后饭没吃几口，就找借口提前离开了。原来，李经理因为销售业绩下滑，刚刚被公司降了职。

后来，张俊自己也感觉到李经理对他的态度冷淡了许多。两人关系日渐生疏，到最后也慢慢地与张俊断绝生意上的来往了。

张俊这种不顾及他人感受，一味夸耀自己的行为是有失分寸的，这也让他失去了一个客户，是得不偿失的。要知道，失意人的心理是异常敏感和脆弱的，极容易受到伤害。这个时候，有人在其面前大谈得意、成功之事，就是对自己的嘲弄与蔑视。这样只会招致失意者的反感，甚至会对你产生一种仇恨心理，使你的人缘变差。

所以，在人际交往过程中，每逢开口说话，我们都要认真地想一下自己要说的话是否让别人有一种被比下去的感觉。特别是你在春风得意之时，千万要注意其他人的感受，切勿在失意者面前高谈阔论。

那么，在交际场上，我们该如何面对那些失意的朋友呢？

1. 摆正心态，正确地看待自己的成功

人生路上所有的得失成败，其实都是对自身能力的一种暂时证明，对现在与未来并不能产生直接的影响。所以说我们没必要过于得意。

要知道"山外有山，人外有人"，成功只是一个暂时的序幕，人生的好戏还在后面，你还需要继续努力。

拥有这样一种自然上进的心态，你就会透彻地领悟人生的意义，在成败面前保持一颗平常心。就能够在失意的朋友面前做到更有礼貌。唯有如此，你的得意与成功才能维持得更长久，你的朋友才会更多，事业才能越做越好。

2. 要设身处地为对方着想

当一个人遭遇失败、不幸，或身处逆境时，最需要的就是别人的理解和鼓励，需要有人为他排忧解难，帮他渡过难关。

这个时候，你作为一个暂时的成功者，应该真诚地对对方表示同情与怜悯，向他伸出真诚的援助之手。只有这样才能使你与对方的关系处于平衡状态，才能让对方对你心存感激，才更愿意与你交往。

值得一提的是，由于强烈的自尊心以及面子问题，有些失意者可能会反感你的同情或者怜悯，拒绝你的援助。在这样的情况下，你可以多去赞扬对方的优点，强调他的重要性，适当地显露你无伤大雅的短处，比如你不会唱歌、外语很差等等，好让失意的人心中有"毕竟他也不是十全十美"的自我满足感，这个或多或少就可以让对方从失意的低谷中走出来。然后，自然会对你的行为心存感激。

得"理"要饶人，理"直"也不要气壮

现实生活中，一些人的心胸不够宽广，只要得了理，便不懂得去饶恕别人。无论是谁，只要抓住了对方的短处，就要如暴风骤雨般地来一次彻底地清算。他们总是想让对方长记性，总想给对方一点颜色看看，要让对方知道自己不是好惹的，要让别人知道自己的厉害！这种有失分寸感的人，一方面会让自己失掉优雅和修养，更重要的还会把他人逼上绝路，给自己埋下永久的隐患。

春秋时期，各诸侯国之间战乱不断。楚庄王因属下的一位名将平定了一场叛乱而大摆宴席，犒赏群臣。高兴之余，他还专门请自己的宠姬嫔妃都出来跳舞助兴。席间丝竹声响，轻歌曼舞，美酒佳肴，觥筹交错，直到黄昏仍未尽兴。随后，楚庄王便命人点上了蜡烛，继续庆祝，还特别叫来了自己最宠爱的两位妃子许姬和麦姬轮流向文臣武将们敬酒。

忽然一阵疾风吹过来，筵席上的蜡烛都熄灭了。这时，一位臣

子趁着酒醉，斗胆拉住许姬的手，想要非礼。拉扯中，许姬扯下了那人帽子上的缨带。于是，许姬马上向楚庄王报告，请求楚庄王点亮蜡烛后查看所有人的帽缨，以便找出刚才非礼自己的臣子。

按常理来说，自己的爱姬被臣子调戏了，楚庄王应该龙颜大怒，要重重惩罚那个胆大包天的臣子方能泄愤。可楚庄王情商很高，他没有"得理不饶人"，而是让所有人都把帽缨取下，然后点上蜡烛。这样一来，到底是谁对许姬大不敬，也就无从知晓了。这就是历史上著名的"绝缨之宴"的故事。

三年后，楚庄王伐郑，郑向晋求援无果后遂与楚结盟。晋军支援途中才知道楚郑联盟，遂与楚开战。一名战将主动率领部下先行开路。这员战将所到之处拼力死战，大败敌军。战后楚庄王论功行赏，才知其名叫唐狡。他表示不要赏赐，坦诚三年前宴会上无礼之人就是自己，今日此举全为报三年前的不究之恩。

可见，得"理"饶人是一种善举，当你不经意地种下一个"善"因，会让你收获意料之外的善果。

在现实生活中，得理不饶人，遇事不讲分寸，太过较真儿，只会让你的人际关系越来越差。人不讲理，是一个缺点；人硬讲理，是一个盲点。心怀大度，但有时还是要给对方一个适合的台阶，才是双赢之道。得人心者，最终得天下！所以在交际中我们要牢记：理直气"和"远远要比理直气"壮"更能说服和改变他人。

《红楼梦》中的晴雯泼辣爽直，霸道任性，嘴刁心软，得理不饶人，最终落得悲惨的下场。而袭人，却不是这样的，男友有了外心，同事起了坏心，世界对她不安好心，都没关系，她心里事事明白，但绝不会嘴上毫不顾忌地肆意开骂。她会把委屈娓娓道来，说到伤心处，只是一句：我这颗心啊，谁能懂得……正是她的善解人意，才赢得了诸多人的喜爱。

总之，留一点余地给得罪你的人，给对方一个台阶，得理饶人。否则，不但消灭不了眼前的这个"敌人"，还会让身边更多的朋友疏远你。俗话说，得饶人处且饶人。放对方一条生路，给对方一个台阶，为对方留点面子和立足之地。这样做并不是很难，而且如果能做到，还能给自己带来诸多好处。

另外，一个不肯吃小亏的人，总是要吃大亏的。如果你得理不饶人，让对方走投无路，就有可能激起对方"求生"的意志，而既然是"求生"，就有可能不择手段，不顾后果，这将对你自己造成伤害。放他一条生路，他便不会对你造成伤害。即使在别人理亏时，你能放他一条生路，他多数情况下会心存感激，就算不是如此，也不太可能与你为敌。这是人的本性。况且，这个世界本来就很小，变化却很大，若哪一天两人再度狭路相逢，届时若他势强而你势弱，你想他会怎么对待你呢？得理饶人，也是为自己留条后路。

切勿对朋友进行"过度投资"

毫无疑问，在交际场上，人际投资可以帮你扩展人际关系，增进你与朋友之间的感情，促进你事业的顺利发展。但是，对朋友"投资"也要把握好"度"，否则，极容易造成本末倒置、得不偿失的结果。

于枫是北京某一家酒店的经理，为了给自己的酒店拉来更多的生意，他几乎每天都忙于参加各种大大小小的社交宴会，而且都极尽所能地给朋友好处。他常说："只有多付出，才能收获更多，做我们这行，靠的就是人际关系。"

他只要知道哪位朋友有困难，就会主动去帮助对方。有时候，朋友也百般推辞，但是他还是表现得十分热心，最终许多朋友再也不敢与他来往，有什么困难也不敢轻易让他知道。

而他自己为了帮朋友的忙，每天都将自己的日程排得满满的，即便他知道根本帮不上对方什么忙，他也要硬着头皮，忍受着痛苦尽力去尝试。就这样，他将自己大量的精力都用在了人情投资方面，平时基本上无暇去打理自己的公司。一年下来，他酒店的生意并没有多大的改观，反而经常会收到顾客关于服务质量差的各种投诉。

由此可见，"过度投资"其实并不能完全得到多少好处，有时候还会产生负面作用。这主要是因为人情交往要讲求"生态平衡"，也就是说，每个人都有一个社交容度，它是衡量一个人人情密度是否平衡的载体。而我们每个人都要根据自身情况的不同来决定自己人情投资规模的大小，"过度投资"与"过少投资"都是不合理的，都会对自身的发展产生一些负面影响。

那么，在交际场上，我们应该如何做好"人际投资"呢？

1. 人际投资要有所保留

在交际场上，与别人交往，千万不要将"好事一次做尽"，认为自己这样全心全意地为对方付出，就一定能够赢得对方的好感，也就越能与对方融洽地相处。而事实并非如此，因为人是不能够一味地接受别人的付出的，否则，就会产生不平衡的心理。主要是因为，人们希望自己在交往中得到的不能少于自己所付出的。其实，岂止是得到的不能少于付出的，如果得到的大于付出的，心里就会产生无尽的压力与愧疚感，这些压力只会让对方有意地疏远你。

在交际场上，如果你想得到别人的帮助，而且还想与别人维持长久的朋友关系，那么，你不妨适当地付出，不要让对方产生心理压力。或者在付出的时候，给对方留一个回报自己的机会，这样才能使对方心理保持平衡，才能使对方与你的关系更进一层。

2. 与朋友保持合适的距离

人际交往遵循"刺猬效应"，离得太近会刺伤对方，而离得太远则会使彼此关系疏远。而对朋友进行"过度投资"就意味着与朋友走得太近，只会让对方的心灵窒息，增加对方的心理负担，别人也就会因为不堪受重而拒绝你的人情。因此，在人际交往中，即便是再好的朋友，甚至是亲人之间，也需要保持一定的空间距离，否则，很容易让对方产生"心理负担"，从而远离你。

最近，张兰总向她的朋友抱怨，她最好的闺蜜发的朋友圈有一部分屏蔽了她，还发现，有几位一起长大的发小朋友也都屏蔽了她。这其中有何缘由呢？原来，张兰是个极热情的人，每天只要看到谁的朋友圈有了动态，便会上前去写一大堆的评语，而且有时候还会打电话过去询问对方。有一次，她的闺蜜在外出游玩的时候发了几张图片，并配文"猜猜这是哪里？"而张兰看到后，马上打电话给那位闺蜜，问她在哪里游玩，还没完没了地缠着她向自己介绍当地的美景和美食。还有一次，一位发小在朋友圈发了几张美食图，张兰便打电话过去，说要到她家里去蹭饭，顺便让对方教她那些菜的做法……她这些"过度热情"的行为，让闺蜜和朋友都屏蔽了她。

的确，做人太过热情，丧失距离感和分寸感，会让他人极有压力。朋友也曾经说过："看到那种太过热情的人，我心里就不踏实，担心他是不是有什么企图。"所以，为人处世，要对人有热情，但也一定要保持必要的距离，不要过度地让他人对自己产生猜忌的心理。

3. 遵循"君子之交淡如水"原则

《菜根谭》中有言:"冷眼观人,冷耳听语,冷心思理。"做人别太过热情,要冷热有度。过于热情不是维系良好关系的一个绝佳的方法。相反,过度的热情,就会使你与别人的关系变味。

如果一个人对另一个人太过热情,付出太多,就会让另一方产生心理压力,从而远离你。实际上,与过度热情相比,在与人相处中遵循"淡"的原则,更能让你赢得好的友谊。就是在与朋友相处中,时刻能保持一颗平常心,不被利欲所累,也无须太多的世俗客套,在保持合适距离的同时,又能让人感受到你的真情。

唐朝贞观年间,薛仁贵在尚未得志之前,与妻子住在一个破窑洞中。衣食亦无着落,只是靠一个叫王茂生的朋友接济。后来,薛仁贵参军,在跟随唐太宗李世民御驾东征时因为战功显赫,被封为平辽王。一登龙门,自然身价增长,前来薛王府送礼祝贺的文武大臣络绎不绝,但是最终都被薛仁贵婉言谢绝了。他唯一收下的礼物就是以前的老朋友王茂生送来的两坛美酒,但是坛中装的并非是美酒而是清水!

当薛仁贵得知酒坛中是水而非酒,不但没有生气,反而取来一个大碗,当着众人的面痛饮三大碗王茂生送来的清水。在场的文武百官很是不解其意,只见薛仁贵喝完三大碗清水之后说:"我在过去落难之时单靠王兄夫妇资助,如果没有他们,便没有我今天的荣华富贵。而如今我美酒不沾,厚礼不收,却偏偏只收下王兄送来的两坛清水,是因为我知道王兄家道贫寒,即便是送给我清水也是王兄的一番美意,这叫作君子之交淡如水。"从此以后,薛仁贵与王茂生一家的关系更为紧密了。

薛仁贵与王茂生之间的友情正是因为平淡,才显得更为珍贵,也显得更为亲密。关于此,庄子曰:"君子之交淡若水,小人之交甘若醴。君子淡以亲，小人甘以绝。"意思是说，君子间的友情像水一样平淡无味，正因为平淡才能让人有一种清爽的感觉，两者间的关系才能维持得更为长久；而小人间的友情像甜酒一样黏黏糊糊，清淡可以使人更为亲近，而过于甘甜却会使人疏远，太过甘甜就会成为一种负累，疏远也是不可避免的了。

总之，在人际交往中，能否把握好与朋友之间的距离，是社交得以顺利进行的重要保证，切不可片面地认为只要有投入，就一定能够得到回报。要谨记：物极必反，做任何事情都要有分寸，人际交往也是如此。

不失分寸地化解尴尬和矛盾

在社交活动中，我们经常会遇到一些别有用心之人的故意刁难，或者是无礼的提问。一些不知如何应对的人，总是会情绪激昂地恶语相对，这种有失分寸的行为不仅损坏了自身的形象，还会让你的人缘变差。但是，一个聪明的人，则通常会用一些机智的幽默方式去反击对方的无礼，能让对方哑口无言的同时，也提升自己在众人面前的形象。

有一次，某公司内部聚餐，张欣是刘莹的上司，两人平时在公司经常因为工作发生矛盾和冲突。刘莹想借着这次聚会好好开开张欣的玩笑。于是，刘莹在与张欣碰杯时，故意用力举杯，将一杯酒洒在了张欣的头上。大家当时都非常紧张，认为刘莹真是大胆，敢这样公然挑衅上司，以后的日子可能就难过了。谁知，张欣却用手擦擦头发上的酒笑着对大家说："刘莹啊，你可真是的，以为用酒就能滋养我的头发吗？你的这个偏方和失误与你平时在工作中犯的错误一样，真是让人难以接受啊。"说得大家哈哈大笑，刘莹顿时对自己的举动感到有些不好意思，同时，也对张欣的大度感到敬佩不已，从此工作更为卖力了，以后便很少出差错了。

面对下属的责难，张欣的表现可谓大度，这种不失分寸感的幽默方式，很容易让人在欢笑中将一切矛盾和尴尬化解掉。如果上述事例中的张欣与刘莹发生争吵，结果可想而知了。

英国思想家培根说过："善谈者必善幽默。"幽默的人的魅力就在于：话不需直说，但却通过曲折含蓄、不失分寸感的表达方式让人心领神会。

第二次世界大战结束后，英国女皇伊丽莎白到美国访问。当记者问她对美国的印象时，女王回答道："报纸太厚，厕纸太薄。"一句话让记者们哄堂大笑。

伊丽莎白语言虽然尖锐，却充分显示了她的机智和幽默。可以说，幽默是社会活动的必备物品，是活跃社交场合气氛的最佳"调料"。在社交场合，不失分寸感的人总能巧妙地运用幽默的语言化解可能给人带来的一切不快和矛盾，改变人们的情调和心态，建构起特有的幽默氛围，巧妙地摆脱自己所遇到的一切尴尬场景。

幽默不仅是一个人的说话技巧，更是一种智慧，这种智慧中蕴含着一种宽容、谅解以及灵活的人生姿态。

张岭是刚成名不久的女作家，因为她的传记散文深受人们喜爱，所以，在她的新书发布会上很受人追捧。

但是台下的一位男士对张岭很不客气，当着众人的面，很不友好地问："你的文笔真好，不过，请问是谁帮你写的呢？"

很明显，这个如此无礼的家伙是来闹事的。这让发布会的气氛异常地紧张，所有的声音突然消失，有的读者面面相觑，场面很尴尬。大家都不知道接下来会发生一场什么样的闹剧。

然而，张岭并没有表现出尴尬的神情，她没有生气，反而面带微笑，十分有礼貌地回答道："谢谢你对我作品的夸奖，不过请问，是谁帮你看的呢！"

这样的反问让对方哑口无言，灰溜溜地逃走了，台下一片掌声。张岭在聪明的幽默中赢得了这场"战争"。

机智的妙答，往往离不开幽默的语言。只有幽默机智的人才能让有意攻击自己的人心服口服，无言以对。

当一个人要表达内心的不满时，如果能使用幽默的语言，别人听起来也会比较顺耳。即使在关系紧张时，也可以使彼此从容地摆脱不愉快的窘境或消除矛盾。

开玩笑也要讲究"度"

在社交场合，幽默和适当开玩笑的方式的确可以活跃气氛，放松双方的心情，同时也可以营造出一个极为轻松愉快的氛围，有利于双方良好关系的形成。同时，有分寸的玩笑还可以巧妙地化解尴尬。但是，幽默和开玩笑也是要把握好"度"的，如果你的玩笑开得不恰当，则只会起到适得其反的作用，会使人处于极为尴尬的局面，伤害彼此的感情，甚至会惹上大麻烦。

张宁是一家公司的部门经理，在与人交往过程中，他总会表现得大大咧咧，而且还十分喜欢开玩笑，为此，周围的朋友给他起了一个绰号叫"开心萝卜"，张宁也为此赢得了不少的朋友。

有一次，张宁参加一场成功人士的论坛，在那里遇到了某公司的经理李琳，李琳人长得很漂亮，张宁以前只是听人说过，却从未与她见过面。张宁很想与李琳交朋友，就走到她的旁边想向她敬酒。可李琳因为近来身体不舒服，不想喝酒，就说道："我今天不能喝酒，只能以茶代酒了。"张宁却开玩笑地说："交杯酒你总得喝吧？来，咱俩喝一杯，你就当是喝交杯酒"。顿时，大家哈哈大笑，非要李琳喝酒不可。在这样的场合下，李琳的脸色顿时通红，后来便匆匆提前离场了。

事后，张宁意识到自己的那个玩笑开得失了分寸，惹怒了李琳，虽然他也向李琳赔礼道歉了，但张宁心里很明白，自己的这个玩笑已大大影响了他在李琳心目中的形象。

一个爱开玩笑的人，一定要分清场合，分清开玩笑的对象，且要懂得掌握好分寸，只有这样才能让对方觉得你有幽默感。否则，只会让别人觉得你是一个粗俗、不懂礼貌的人，从而远离你。

那么在交际场合中，开玩笑时要注意哪些问题呢？

1. 开玩笑要因人而异

开玩笑一定要注意性格差异，男女之间的差别。一般情况下，如果对方的性格较外向、能宽容忍耐，开对方的玩笑就不会出现意外，即便说了不合适的话，也会得到对方的谅解。而对性格内向、喜欢琢磨别人的言外之意的人而言，要开对方的玩笑就需要仔细考虑清楚。另外，男性一般对语言情境很不在乎，一般的玩笑对方都能够接受，而女性则对语言情境比较敏感，不得体的玩笑会使女性很难接受，甚至使他们处于极尴尬的境地。

2. 开玩笑要注意长幼关系与亲疏远近的差异

在交际场上，长者对幼者开玩笑，一定要保持稍为庄重的态度，不要太伤对方的自尊心；而幼者对长者开玩笑，首要的就是要尊重长者；与自己亲近或熟悉的朋友在一起，即便是开比较重的玩笑，也不会影响彼此间的关系。但与陌生人在一起，如果对对方的个性、经历、情趣不了解，就贸然地与对方开玩笑，极有可能招致对方的反感，从而影响今后的进一步交往、发展。

3. 开玩笑要恰如其分，符合时宜

同一个人，在不同的情况下会产生不同的心境与情绪，所以，开玩笑也要看清场合，了解对方的心情。俗话说："人逢喜事精神爽。"要开朋友的玩笑，最好要选择在对方无忧无虑、心情舒畅的情况下。如果对方是因小事而生气，也可以通过开玩笑的方式将对方的情绪扭转过来，但是，当朋友情绪低落或者遇到难题需要安慰和帮助的时候，这时千万不要与对方开玩笑，说不定会使对方认为你在幸灾乐祸，从而与你翻脸，友谊将无法持续。

开玩笑要讲求场合与环境，一般来说，当你的朋友正在专心地学习或者工作时，你千万不要用玩笑去打扰对方，否则会惹怒对方。在一些要求保持肃静的公共场合，更不适宜开玩笑，这样会影响到当时极其庄重的气氛，引起人们的误解。此外，在大庭广众之下，最好也不要与你的朋友打趣逗笑，以免影响别人，招致其他人的反感。

4. 开玩笑的内容要健康

如果你津津乐道男女之间的隐私，向朋友绘声绘色地传播庸俗、无聊甚至下流的情节；如果你捕风捉影，将某些小道消息作为茶余饭后的笑料，这是不负责任的低级趣味。凡此种种，都属于低格调、内容不太健康的玩笑。如果你拿这些不太健康的信息与朋友说笑，会让朋友觉得你是个低级趣味的人，最终远离你。你开玩笑的内容一定要带有思想性、知识性与趣味性，使大家在玩笑中学到知识，受到教育，得到陶冶，这样才能让朋友佩服你的幽默，最终对你产生好感。

5. 开玩笑不要揭人隐私，揭人短

每个人都有自己的隐私，每个人也都不愿意让别人触及自己的隐私，所以，我们在开玩笑的时候，千万不要触及别人的隐私。如果你拿对方的隐私开玩笑，很容易伤害对方的人格和自尊心，会让对方认为你是一个没有修养、十分无趣的人。如果你拿其他人的隐私去与你的朋友开玩笑，如果这话传到被说者的耳朵中，会给你招来许多不必要的麻烦。所以，关于他人隐私的内容，还是要少触及。

总之，在交际场合开玩笑一定要分清场合，看清对象，开玩笑的内容也要具有思想性与知识性，使大家能够在你的玩笑中学到知识，受到教育，最终收到更为积极的交际效果。

切勿当众"揭露"他人的尴尬事

我们每天在工作中摸爬滚打，难免会出点丑或是遇到某些尴尬的事。如果我们不小心刚好知晓了别人的一些尴尬事，一定要管好自己的嘴巴，不要将这些事讲出去，哪怕你与对方有无法化解的矛盾，也要竭力替对方保守秘密。这是交际中最基本的分寸。

姜伟是北京一家广告公司的客户经理。有一次，他与上司去拜访一位重要的客户，想探明客户的合作意向。

接待他们的是一位张经理，双方在客户公司的会客室中交谈，在交换名片时，客户的名片夹里突然有东西掉在地上。所有的人都下意识地低头去看，立马所有人都惊呆了，原来掉在地上的是一张美女裸照。客户的脸一下子红了，显出一副十分狼狈的样子，其他的人也屏息噤声，气氛突然变得极其尴尬。

这时候，姜伟为了打破当时尴尬的气氛，就随口说了句："没想到张经理还有这种收藏爱好呀！"客户马上变得更为难堪，当众起身走开，将姜伟他们晾在会客室中。这时，姜伟才意识到自己的失误，可为时已晚，与客户合作的事情就这样打了水漂。

对方本来已经处于十分尴尬的境地了，可姜伟不但不去想办法帮助对方挽回局面，还让对方当众出丑，这种失分寸的行为最终只会导致交往的中止。

在社交中，每个人都会在不经意间出丑。比如：在没有准备的情况下，与你打交道的人是与你有嫌隙的人或者是你竞争对手的朋友；也许你邀请的客户是四川人，到了川菜馆后才得知对方不喜欢川菜等等。这时候，如果出丑的是你的朋友，你不仅不要声张，同时还要尽量地帮助朋友遮掩，帮别人圆过去，这样会使对方觉得你为他做了一件值得嘉许的"善事"，对你感激不尽，还会在别的事情上去偿还你的这个人情，让你最终获得更大的收益。

这时候，有的人可能会问：打圆场是可以帮朋友化解危机，但是如何去打圆场呢？打圆场需要哪些技巧呢？

其实，打圆场要根据当时的实际情况，你可以用幽默的话语转移话题，打破尴尬的局面；或指出各方观点的合理性，平衡各方的心理；也可以故意歪曲对方话中的意思，而做出双方都能够接受的解释；还可以肯定双方观点中的合理性，然后再为他们找出双方都可以接受的解决方法。具体来说，帮朋友打圆场的方式有以下几种：

1. 将话题转移到轻松的事情上

在交际场合中，如果双方在某个较为严肃、敏感的话题上持对立的观点，甚至将要发生争吵，你可以暂时规劝双方回避一下，然后再用一些轻松、愉快的话题来转移双方的注意力，或者对他们说些幽默的话语将这种严肃的话题淡化，活跃交谈现场气氛，从而缓和尴尬的局面。

比如，在谈判桌子上，谈判双方为了某个问题正争得面红耳赤时，你可以说："我看我们还是停下来，谈一下另一个话题吧，等你们把这个问题争明白，国足都能拿世界冠军了！"这样，双方便可以在幽默、轻松的气氛中进行下一步的交谈。

有时候，双方如果都是固执的人，不管你采取什么办法，还是争执不休时，你要看看是否是双方的争胜情绪与较劲心理在作怪，这时候，我们可以帮助双方换一个角度来重新审视问题，帮他们分析问题，引导他们找到共同点，最终找到解决问题的方法。

2. 给对方的不当行为找个理由

你的朋友有时候出丑犯窘，主要是因为他们在特定的场合做出了不合时宜或不合情理的举动，于是，难免会使双方陷入尴尬与难堪的局面中。在这种情形下，最行之有效的打圆场的方法，就是你换一个角度为多方的行为找一个理由，或者找一个借口，以合情合理的解释来证明对方有悖常理的举动，说明他们的举动在此情此境中是正当的、合理的。然后用令人忍俊不禁的解释来缓和当时尴尬的气氛。如此一来，双方的尴尬局面就解除了，聚会与谈话也就可以继续下去了。

有一次，著名评剧演员新凤霞与丈夫举办了一个晚宴，请了艺术圈内许多德高望重的前辈。在晚宴上，许多几年甚至几十年没见过面的老艺术家相谈甚欢，气氛很是热烈。

当时，时年90多岁重病缠身的著名画家齐白石老先生也在看护人员的陪同下前来赴宴。令人惊奇的是，齐白石老人年纪可能有点大了，脑子有些糊涂，他入座后，就拉着主人新凤霞的手目不转晴地盯着她看。在这样的情况下，齐白石旁边的看护人员有点看不下去了，就善意地提醒齐白石老人说："您为什么总盯着人家看呀？"齐白石老人不高兴了，说："我这么大年纪了，看她又有什么关系？她生得好看，怕我看吗？"说完，齐白石老人脸气得通红，弄得在场的人都收起了笑脸，气氛十分尴尬。这时候，新凤霞丈夫却笑着对白石老人说："您尽管看她，她是演员，还怕人看吗？"这句话一出，在场的所有人终于痛快地笑起来了，现场的气氛也再次热烈了起来。

在这里，新凤霞丈夫恰当地运用了一些说话技巧，为齐白石老人不合理的行为找了一个较为合理的解释，以"她是演员，不怕人看"为理由，证明齐白石老人看新凤霞没什么不对的，这样就让他顺利地摆脱困境，也使活动正常进行，场面又热烈了起来。

3. 歪解语义，缓和尴尬气氛

在交际场合，有些人难免会因为某些原因失言，但是，说出去的话似泼出去的水，再也收不回来了。为了缓和这种局面，我们可以采用故意"误会"的办法，从善意的角度故意歪解语义，做出有利于化解尴尬局面的解释，将尴尬的局面向有利的方向引导并转化。

在一次大学同学的聚会上，大家由于多年没见，聊得十分开心。酒过三巡，其中一位男士就借着酒劲对一位女士说："你不记得了吗？当初是你主动追求我的，现在还想我吗？"按道理说，在老友重逢的气氛中，这些话虽然说出来有些不妥当，但是如果将之当笑话，也可以不了了之的。恰好被说的女士当时心情十分不好，听了这话后脸色一变，气呼呼地说："你真是神经病！谁会追求你这种心理变态的人。"女士的声音很大，当时在场的人一下子就僵住了，每个人都觉得十分尴尬。这个时候，郭惠站了起来，笑着说："我们小妹的脾气还是没变，她喜欢谁，就会说谁是神经病，说得越厉害，就说明她越喜欢，小妹我说得对吧?"一番话，让大家都想起了大学时代大家在一起的美好时光，不由得七嘴八舌，相互都开起玩笑来，她帮那位女士平息了一场风波。事后，那位女士十分感激郭惠，说她帮了自己的忙，不然自己将会有多难堪呀!

在当时尴尬的气氛中，郭惠批评哪一方都是十分不合适的，这样也只会使双方的矛盾激化，从而最终破坏聚会的气氛。这时候，她选了一种最行之有效的办法，就是从善意的角度，对"小妹"的语言做出"歪曲"的解释，故意把"小妹"那句用来骂那位男士的"神经病"理解为是一种"喜欢"，引导大家一起去回忆过去的美好时光，在这样的气氛之中，大家就很快地能够忘记尴尬与不快，最终避免了一场争吵和矛盾。

所以说，这种善意的曲解是保证人际交往正常进行的一种利器，是一种极有效也很有必要的交际手段，在交际场合，我们可以加以利用。

4. 公平公正，让各方都满意

在交际场合，当双方因彼此心中不接受对方的看法而争执不休时，这时候也很难说清谁对谁错，作为调解者应该理解争执双方当时的心理与情绪，千万不要厚此薄彼，以免火上浇油，使矛盾更加激化。有时候打圆场其实就等于在拉架，但是如果你刻意地去打压一方，"拉偏架"的话，那就起不到效果了。所以，在这个时候，我们就要对双方的优势与价值都予以充分的肯定，在一定程度来满足他们自我实现的心理，在这个基础上，再提出双方都能够接受的建设性意见，这样就极容易为双方所接受，最终缓和两人的矛盾。

一次，某市一所中学举行大型文娱活动，学校为了构建和谐的师生关系，就让学校的教师也参与进来。校长将教师与学生分成两组，自行编排与表演节目，然后各出三个节目，在学校的艺术节上进行对决。

但是，表演刚刚结束，坐在下面的评委就分成两派，一派说教师组小品演得很棒，一派说学生的舞蹈跳得最美，双方为谁拿冠军吵得不可开交。眼看艺术节就要变成闹剧不欢而散，校长最终灵机一动，对大家说："到底哪个组能得第一，我看应该具体情况具体分析。教师组的小品十分富有创意，激情四溢，应该获得创作奖，但是呢，学生组的舞蹈也富有朝气，应该获得表演奖。"这样一来，场面才慢慢平静下来。

校长本人清楚文娱活动本身的目的并不在于真正分出高下，最为重要的就是要激发教师与学生共同参与，然后加强师生关系的和谐发展。基于这一点考虑，在评委出现争吵时，他并没有与他们一起争论孰优孰劣，而是强调了两个小组的不同点与各自的优势，对两个小组都给予了充分的肯定，结果就极容易被大家接受了。

综上所述，帮朋友打圆场，只要你能掌握以上几种方法，便可以成功地缓和气氛，帮朋友解围，最终达到良好的交际目标。

故意贬损他人，是内心脆弱的表现

有分寸感的人都有着宽容的心胸，能容忍他人的缺点、错误。同时也允许他人在某些方面强过自己。可在交际场上，有些人为了显示自己的高明，或者当看到别人强过自己时，为了维护自己的尊严和"利益"，不分对象，不分场合地会找出一些"参照物"，通过贬损别人的言语或行为，来说明自己比别人强，从而获得一种阿

Q 式的心理平衡。这样做的确可以获得一种心理上的满足感，殊不知，这样做只是昭示了你内心的脆弱，让你沦为孤家寡人，甚至还会给你带来巨大的损失。

陈明聪明能干，思维敏捷，参加工作刚一年就晋升为销售部门经理。自从做了经理以后，陈明在业务上的朋友也多了起来，经常和一些自己的合作伙伴在一起吃饭、喝茶。一年后，陈明一直觉得自己已经获得了这些朋友的信任，但事实并非如此。

原来，陈明为了显示自己"崇高的思想""卓越的才能""非凡的业绩"，经常会在交际场合中对别人的小缺点冷嘲热讽，有时候还不择手段地指出他人的不足，将他人置于极为尴尬的境地。

在一次公司举办的公开招商会议中，一家公司的总经理向大家精彩地介绍了自己公司目前的发展情况，受到了在场诸多人的赞赏。有位经理无意中说了一句话："介绍得真详细，看来你们公司有足够的实力揽下这个项目呀！"听到此，陈明随口就说："我觉得这位经理所在的公司实力很一般嘛，他的一些看法也很荒谬。而且他刚才还说错了几个本行业内的术语，你不会是不懂装懂吧！"

经理听到这样的话，脸一下子就红了，内心不由得忌恨张明。自那以后，这家公司的总经理再也不愿意与陈明的公司合作了。

诸如此类的事情经常发生。陈明平时虽然与很多朋友有交情，但是到关键时候，都不会买他的账，他自己的生意冷淡了许多，最终也使他陷入了孤家寡人的境地。

在交际场合，懂得如何尊重别人，是最起码的表现。倘若你故意去贬损他人，盲目地自信，不将别人放在眼里，这样做无疑是在伤害对方的自尊心，对你自身的发展百害而无一益。甚至可以说，故意贬低他人的行为犹如一种害人害己的毒药，贻害无穷。主要表现为：

1. 自损形象，自断财路

要知道，贬损他人、抬高自己是建立在个人主义的基础之上的，这些人不懂得去尊重他人的价值和价格，漠视他人的处境和利益，把别人当作达到自身目的、满足自己私欲的工具，这样势必会让他人颜面尽失，自尊心严重受损，这样一来，你永远也无法与别人建立起牢固、持久、良好的朋友关系，更不要说让别人与其一起合作做生意了。

2. 伤害和气，让你失去更多的朋友

在交际场合你故意去贬损别人，不考虑对方的感受，假如碰上要面子的朋友，很可能就不会吃你那一套，甚至还有可能会放下和气与你对着干，对你产生的负面影响会是巨大的。

有时候，你的一些贬损别人的言辞，很有可能还会被一些别有用心的人利用，作为攻击或整治你的材料，让你损失更多的朋友。

俗话说，树怕剥皮，人怕伤心。每个人都有被人尊重的心理需求，每个人都渴望被别人看得起。为此，为了保证自己能够在交际过程中处处顺心，一定不要贬损他人，这是交际场合的大忌。

在这里，我们还需要说的是，在交际场合，假如我们被别人贬损时应该如何去维护自己的形象和利益呢？

当遇到这种情况，我们千万不要与对方发生争吵，因为这样只会损害自身的形象，有时候还会使情况变得更糟糕。要尽力使自己冷静下来，然后运用巧妙的方法去化解：将事实公布于众，使对方认识到自身的错误。事实胜于雄辩，在这种情况下，事实是维护自身形象与利益的良好法宝。当别人贬损我们时，我们要尽力使自己在心平气和的心境下将事实原原本本地公之于众，让大家一起来分析事实的真相。而且，在适当的场合下，还要坦率地向对方提出批评，让其认识到自己的不良行为。这既能显示出你的大度，又能够显示出你的机智，还可以维护自己的利益。

在一次职业经理人的交流大会上，李经理与张经理在聊天时发生了一些不愉快的事情。李经理在张经理面前将自己所在公司这几年取得的成绩大部分归于自己领导有方。同时还故意贬损张经理，说他不善管理，给公司带来了一些不好的风气，甚至还怀疑张经理对公司相关资料的整理都不够完善。

对于李经理的贬损，张经理不但没有生气，而且还心平气和地说："对于李经理指出的批评，我有必要澄清一下。我对工作丝毫没有松懈，对平时的很多工作都做了详细的记录。一年时间内，我们公司发展了156家初级客户，87家高级客户。关于此，李经理想必没做过什么调查吧？如果你不相信的话，现在可以看一下我开展工作的具体的工作记录吧！"说着，就掏出了公文包中的资料。在事实面前，李经理更是没有办法再争辩下去，最终在极为尴尬的情况下，只好向张经理道歉。

张经理就是利用事实让贬损他的人认识到了自身的错误，最终巧妙地化解了尴尬的局面，既显示了他的大度，同时又显示出了他的机智，又维护了自身的形象，可谓一举三得。所以，当我们遇到这种情况时，也可以适当地运用此方法巧妙地为自己解围。

另外，在交际场合中，当有人故意捏造事实，恶意贬损自己，甚至侵犯到你的人身权利时，你也不要一味地顾及对方的感受而使自己受损，你可以诉诸法律，用法律保护自身的合法权益。用这种方式可以使造谣者受到应有的惩罚，也能唤醒他们的良知，从而在以后的交际场合中，让其收敛这种不良的行为。

自我纠正错误，也要讲究分寸感

在人际交往中，我们难免会犯一些错误，失了分寸，比如口无遮拦地触犯了对方的忌讳，在自己毫不知情的情况下揭开了对方内心的"伤疤"等。为了避免这些错误给自己的人际关系带来伤害，一定要及时补救自己的失误。那么，如何才能不失分寸地纠正自己的失误呢？

1. 将错就错，反败为胜

在公众前面，我们有时候会犯一些自己都没有想到的错误，虽然说每个人都应该为自己的错误买单，但如果我们能够巧妙地将错误消除得了无痕迹，岂不是更好。要做到这样一点，那么你就不妨将错就错，最终让你反败为胜。

有个女生参加一个电视台的抢答竞赛，主持人问了一个题目："请问三纲五常的三纲指哪三纲？"

没有想到，由于心急，一时发生了口误，这名女生抢先回答道："臣为君纲，子为父纲，妻为夫纲。"

由于着急，没有想到把大家耳熟能详的三纲说反了，顿时引来了观众的哄笑。

但是这个女生马上意识到自己说反了，于是将错就错道："大家笑什么？如今都解放这么多年了，封建时代的三纲早就过时了，我说的是当今社会的新三纲。"

主持人好奇地问道："那你说说什么叫新三纲？"

女生回答说："如今是劳动人民当家做主，领导是人民的公仆，

163

大家说说，这是不是臣为君纲？如今一个家庭都把孩子当作自己的小皇帝，大家说说，这是不是子为父纲；现在很多家庭都是妻子做主，老公怕老婆的家庭大有人在，这是不是妻为夫纲？"

刚刚说完，本是无情的嘲笑，马上就变为热烈的鼓掌。

这个女生明显是知道"三纲"的，也清楚自己犯了错，但是犯错之后，却没有当众承认，也没有立刻进行改正，而是将错就错，说出了一个新的三纲，但是同时也表明了自己知道"旧"三纲的内容，从而不但为自己摆脱了困境，还让观众为她的"新三纲"报以热烈的掌声。

2. 以错类比巧转移

有一位老师，刚走上讲台，同学们便忽然大笑起来。他感到莫名其妙，这时坐在前排的一位小女生说："老师，您的扣子扣错了！"

他低头一看，衣服的第四个扣子扣在第五个扣眼里。批评学生吧？不该。马上改过来吗？或许可以，不过总是觉得尴尬至极。

于是，他便灵机一动，微笑着说："这就叫作'张冠李戴'，这是我们今天学习的第一个成语，想必看了我，同学们都知道它的意思了吧！这是一个很不好的习惯，希望同学们以后做事尤其在写作业运用数学公式时，千万不要再犯这样的错误了啊！"

这位老师用自嘲的语言既为自己解了围，还转移了学生对他衣服的注意力，起到了相似教育的作用。

其实，在生活中，我们在犯错后，把自己的失败主动告诉对方，并不等于自我贬损，相反还会降低对方的戒心，让人在不知不觉间对其产生好感，取得心与心的坦诚交换。

3. 巧用善意的谎言，不伤感情

在一些场合，要想避免跟对方针锋相对，又要达到自己的目的，有时候借用一个善意的谎言是非常有效的。

刘静是个少有情趣的人，王霞很不喜欢和她在一起。所以，当刘静约王霞周末出去逛街时，王霞就编了个谎话予以拒绝："今天很忙，得在家里赶未完成的工作，实在没空。"

好不容易打发了刘静后，王霞实在闲着无趣，便约闺蜜张巧去购物。

没想到的是，王霞和张巧正在超市买东西时，刘静突然出现了："王霞，你不是说要在家里工作吗？"

这让王霞很是尴尬。但是，她灵机一动，说道："是啊，本来在家工作的，但是王巧说她看上我穿的那件白色的大衣了，非要拉着我过来。没办法，便与她一同过来了。那件大衣就在这家商场，要不我们一起去看看吧，我是那里面的会员，说不定卖家看在我的面子上还给打折呢！"于是，三人一同高兴地开始闲逛起来。

在这里，王霞不撒上小小的谎言还真是不行。由此可见只要目的单纯，没有害人之心，谎言也是一把能让人上得来下得去的梯子。

总之，对于犯错引起的尴尬，确实有一些很好的解决方法，可是说起来容易，但是真正做起来就难了，因为它考验的是人的智慧。那么，要想在临场上有所发挥，就需要我们在平时能够多加训练，肯动脑子，养成这样的思维习惯。只有这样，才能在关键的时候运用自如，让突然变得自然，让尴尬变得正常。

事没办成，也要感谢对方

在生活中，可能有这样一种人：去求朋友办事，朋友最终没能将事情办成，就认为"既然事没办成，就不必感谢对方了"，于是，一句感谢的话都不与对方说，这种不大度、失分寸的行为，会给人留下不好的印象。可以试想：朋友为你办事也是历尽了周折，因为某种原因没有将你托付的事情办好，如果连一句"谢谢"这样的话都得不到，下次自然就不会再向你施予帮助了。要知道，有时候，你的朋友帮助你并不是为了求得回报，而是为了一句感激的话语，图的就是这份感激的心意。如果你没有这份心意，那么会使朋友觉得你是个无情无义的人，自然会远离你。

李艳在北京工作，有一年她准备回老家过春节，但是她临时有工作任务，不能去预订火车票。于是李艳就托她的好友张雯帮她买火车票。张雯很重情谊，马上跑到火车站，排了几个小时的队，但最后火车票却卖完了，张雯也只能无功而返。

李艳来拿票，知道张雯没有为自己买到票，心里十分不高兴，不但连一句感激的话也没有，而且还觉得张雯办事不力，耽误了自己的行程，给了张雯一个难看的脸色。张雯当时看到李艳的表情，也是很失落，以后再也不与李艳来往了。

李艳没有想到，自己的好朋友排了几个小时的队，虽然没帮自己买到票，即便没有功劳，但也应该有苦劳呀，一句感谢的话都没得到，心里能平衡么？如此这样，李艳也只能失去张雯这个朋友了。

要知道，你委托别人办事，即便对方没有将事情办成，你也要感谢对方，这样会给为你办事的朋友以信心与鼓励，最终使两人的关系更为融洽，也可以为对方下一次帮你打下伏笔，预留感情资本。对于这种情况，我们具体应如何去处理呢？

1. 事先做好心理准备

要知道，你的朋友不是万能人，他也有失误的时候。即便刚开始他信誓旦旦，也不要对对方抱太大的希望，事先做好心理准备。这样才不至于因为对方没将你的事情办好而向对方使脸色，或抱怨对方。

同时，做事要留有余地，朋友这次可能没能帮上你的忙，但是在下次有机会就可以帮你把其他的事情办好。高情商者，在朋友没有帮自己把事办成时，也会适时地感谢对方，这样既维系了自己与朋友原本的友情，又为以后的交往打下了坚实的基础。

2. 及时对朋友说声"谢谢"

朋友帮你办完事后，不论结果如何，都要及时地对对方说声"谢谢"，因为"谢谢"是世界上最容易赢得友谊的办法，它也是加强人际关系的一件法宝。如果你对朋友表示感谢的方法诚恳，对方还可能会因为没能办成事而对你心存愧疚之感，如果你再有求于他的时候，他一定会尽力而为。

李民是一家公司的投资顾问，与文展是好朋友。文展得知李民帮别人炒股票赚了很多钱，于是也想让李民顺便帮他投资炒股赚钱，李民当即答应了他的请求。

接下来的一个星期之内，李民由于失误而给文展带来了很大的损失，李民心中很是愧疚，也为此深感不安。有一天，李民走在路上，看到文展与同事走在前面，觉得没脸打招呼，于是假装没有看见他们，一直低头走。这时，文展叫住了他，拍了下他的肩，微笑着对他说："我们正在谈有关你投资的事情呢！"李民脸一红，以为文展要责怪他，于是就他说："太对不起了，这一次由于我的失误给你造成不少的损失，都是我的错……"

令李民惊讶的是，文展若无其事地回答道："你肯为我免费投资已经难能可贵了。现在股市动荡太厉害，因为你处理得当，才减少了我的损失，他们损失更大。我该感谢你才是。"说着就指了指身旁的几个同事。

李民听到这话，心里感到一阵温暖。此后，李民对文展心存感激，在以后投资过程中，不仅为文展挽回了损失，而且还为他赚了不少的钱。

文展的举措是十分得当的，在李民的失误给他造成极大损失的情况下，他不但没有埋怨他，而且还找出一堆赞美与感谢的理由去帮助他，这让朋友李民心存感激，最终获得了朋友的忠诚，得到了更多的回报。

所以，在平时的生活中，如果朋友帮了自己的忙，不论结果如何都要及时向朋友表示感谢，这样可以使你获得朋友的忠诚，使你以后的道路走得更为顺畅。

不要将朋友欠自己的人情挂在嘴边

在生活中，有些人因为虚荣心的缘故，为朋友做了事情，送了人情，一旦大功告成，便时常将朋友欠自己的情挂在嘴边，生怕朋友忘记。或者帮朋友办成一件事后，便开始得意忘形，将小事说成大事，生怕人家忘了自己曾经出过力、立过功，这样只会无形中给对方造成一种心理负担和心理压力，最终使你与朋友的关系变质。

晓雷与陈锋是大学同班同学，两个人的关系甚好。毕业后，晓雷在亲戚的帮助下，进了一家待遇甚好的单位，而陈锋还在因为找不到合适的工作而四处流浪，经常身无分文，日子过得很辛酸。后来，一个偶然的机会，陈锋从别人那里得到了晓雷的联系方式，并且听说晓雷现在过得不错，在无奈之下，就给晓雷打电话，并说自己要到广州找工作，想向他借些钱。恰好，那天晓雷刚在单位升了职，很是高兴，便爽快地答应借给他 1000 块钱，最后还大方地说："都是老同学了，拿去花吧，不用还了！"

陈锋很是高兴，没想到晓雷这么热情。后来，晓雷就在他们的同学中到处宣传自己的善举：他借给陈锋 1000 块钱救急，并说明，自己借给他的这些钱，不用他还的。后来，这话又传到了陈锋的耳朵中，感觉晓雷的举动严重伤害了自己的自尊心，随即就把钱又还给了晓雷。从此，再也没主动与晓雷联系过。

晓雷的本意是想帮助陈锋的，这令陈锋也非常感动。但是在后来，他心中就一直怀有一种优越感，觉得自己帮助陈锋很了不起，就到处宣扬自己的善举，最终严重伤害了陈锋的自尊心，也伤害了朋友间的情谊。

在人际交往中，如晓雷这样对待朋友的行为是极其危险的，常常会引发反面的效果，这就是费力不讨好的行为。你确实也帮了朋友的忙，却没有增加自己人情账户的收入，主要是因为你骄傲的态度将这笔账抵消了，最终还会使朋友对你敬而远之。

其实，为朋友做了事，送了人情后，不要担心朋友因为你不说就忘记你的人情，对方不说也并不是因为对方心里不清楚，如果你多说，对方可能会尽快地想方设法去还你的人情，之后便会对你敬而远之。在以后的交往中，即使你再有能耐，朋友亦会另请高明。

所以，在帮助朋友后，一定要端正心态，正确地对待你的付出。具体应该如何去做呢？

1. 更新观念，不过于算计人情

要知道，人际往来，朋友间的帮忙是应该的，切不可像做生意一样赤裸裸地去算计人情，这样只会让朋友觉得你很势利，或者认为你是个利欲熏心的人，从而最终远离你。

在你的朋友圈中，每个人都不想去欠人情，如果你与朋友交往的过程中，将每一件事情都算得清清楚楚，而忽略了朋友间的感情交流，只会让人兴味索然，你与朋友间的交情也维持不了多长时间。

2. 诚心去帮助别人

如果一个从未给过你帮助的朋友请你帮忙，你也要高高兴兴地，不能表现出不情愿，要以真诚的态度自然地去帮朋友，不要使对方觉得接受你的帮助是一种负担，这样当你有求于对方的时候，对方才更乐于为你效劳。

如果对方是一个能处处为别人考虑的人，你为他帮忙的种种好处，他绝不会忘记，会用各种各样的方式来回报你，你将会收获更多。在帮助别人的时候，时刻要记住：你现在的付出是在为你的以后积累人情，积累人气，切不可让你的一些不适当的举措，将你付出的一切磨灭掉。

总之，在人际交往中，不要认为为朋友做了事，送了人情，便将人情时常挂在嘴边，这样只会破坏你帮助别人积累下的人情。记住，没有人会因为你不说，而忘记你送的人情，只要付出，就能得到收获。

第五章

伴侣相处：心中有界限，行为有分寸
——"亲密有间"，方能长久

　　分寸感是成熟的爱的标志，它懂得遵守人与人之间必要的距离。好的爱情，一定是懂得避嫌，自带分寸感，因为分寸感决定着爱情的走向，体现着彼此对对方的尊重和忠诚。正如心理学家武志红所说："爱情有三个阶段：第一阶段是 1+1＝1，我们两个人宛如一个人；第二阶段是 1+1＝0，即指我的所有痛苦和不幸都是因为你，我恨你！第三个阶段是 1+1＝2，即指我是我，你是你，我爱你，但是我们之间有距离、相处有分寸，我们在一起。第一个阶段的关系很迷人，进入第二阶段，因为距离太近，丧失分寸，便开始有了憎恨与愤怒。如果能成功地化解第二阶段的痛苦，便可进入第三阶段，以后两人便能迎来更为开阔的人生！"这段话极好地阐释了伴侣之间相处的心理历程。而成熟的伴侣关系，一定是在第三阶段，我爱你，你爱我，我们之间有必要的距离感和分寸感，我们在相互成就中快乐地在一起。

别打着"为你好"的旗号，肆意"越界"

斯科特·派克在《少有人走的路》一书中写道："很多时候，我们自称是为别人着想，可能只是为了逃避责任，满足自己的愿望；我们所做的一切是出自个人的意愿，核心动机是满足自我的要求；不管为别人做什么事，真正的原因都是为了自己。"这表明，在亲密关系中，很多人总是打着"为你好"的旗号，肆意地"越界"，实际上是为了满足个人的心理需求。在现实中，很多人总是认为自己无条件地为了别人奉献，甚至不惜放弃自己的工作和生活，完全围着另一个人转，他们觉得这是爱的体现，为了对方，可以牺牲自己。于是，他们总会这样说："我都是为了你好，我做这一切都是为了你。"然后肆意地"越界"，要求他们按照自己的意愿去做这做那，从而达到自己的要求。然而，他们却忘记了，他们做这一切的前提是他们想要那样做，并非是被对方逼迫的，如果他们真爱一个人，那么他们就不应该计较自己到底做了多少。

张宜是个缺乏安全感的女人，父母早早离异，她在 3 岁时便跟着妈妈生活，或许是童年时期父爱的缺失，让她高中时期就与现在的老公恋爱，大学毕业后他们便走进了婚姻。但婚姻并没能给张宜带来足够的安全感，相反，她总是担忧老公有一天会对她厌烦，然后抛弃她。为了能牢牢地"拴"住老公，张宜经常向老公讨要一个又一个承诺，而且还时不时地逼迫老公给自己写"保证书"，比如在刚结婚不久，她就要老公写下一辈子只能爱自己的保证书。为了强迫老公改掉吸烟、喝酒、不讲卫生等等坏习惯，她都让老公写保证书，只要老公不答应，她就会"一哭二闹三上吊"……对此，老公也是极无奈。事实上他立下的许多保证，自己根本做不到。而承诺越多，失信的概率也越大。为此张宜经常抱怨，而且还一直打着"为你好"的名头来限制老公的行为，时不时的哭闹让老公感到异常心烦，难以感受到家的温馨……

在生活中，经常打着"为你好"的旗号，对伴侣的行为进行约束，日本的加藤谛三将这叫作"善意的操控"。这种人总是把自己摆在一种低姿态的角度上，嘴里说着"我全都是为你好""为你着想"之类的话，可却在潜移默化中操控着别人，期望让别人变成自己希望的样子，浑然不管当事人愿不愿意，开不开心，是否能够做到。这种毫无界限感的"管制"，极容易使感情变质，落得两败俱伤的结果。

在现实的婚恋中，常会出现以下"越界"的行为，那么，身为被"管制"的一方，应该如何去做呢？

其一："因为你是我女朋友，所以当我需要你陪伴的时候你必须在。"

实际上，这是以"亲密关系"来约束对方的行为，身为女朋友，要明白大家都是独立的人，该拒绝的时候就要学会拒绝。

其二："你的朋友都不好，以后少与他们来往，否则我会不开心。"

伴侣间经常会通过这样的方式，缩小对方的朋友圈，让你的世界中只剩下他（她），让你所有情绪都围绕着他（她）转，渐渐地失去了与外界的链接。对此，斯科特·派克在其著作中提及："爱是自我完善，意味着心智不断地成熟。爱，能助人进步，也会使自我更加成熟，能使我们更广泛地与这个世界发生链接，丰富和完善我们的生命。"所以，在伴侣之间，如果一方因私心而去限制对方生命力的"拓展",那么,被限制的一方就应该勇敢地说"不"。

其三：以冷暴力的方式迫使一方低头。

当你们产生矛盾的时候,通常会采取暴力的方式逼迫你妥协或者以冷暴力的方式突破你的心理防线,仗着你爱他从而使你成为先低头的那个人。其实,这种"越界"行为,只会一次次地伤害两人的感情。要知道,真正爱你的人是不会舍得这样伤害你的,有了问题应该是大家各自平复自己的情绪,坐下来解决,是我们对问题而不是你对我。

其四：行为控制。

比如在生活中,伴侣中较为强势的一方要限制另一方该穿什么样子的衣服。实际上,每个人都是独立的个体,都有属于个人的喜好,这种肆意控制他人的"越界"行为,很容易制造出各种各样的矛盾,从而影响两人情感。生活中,如果我们是被控制的一方,也应该勇敢说"不"。

伴侣间保持必要界限的前提是信任

有人说,伴侣间相处的最高境界是保持界限感,即我爱你,但我就是我,你也是你,我们在互相尊重的基础上和谐地在一起。但是,伴侣间要保持必要的界限感,必须建立在相互信任的基础上。试想,一方对另一方缺乏信任,对对方有所猜忌,那就有可能会不断地通过"越界"去管制对方,从而引发一系列的矛盾和冲突。那么,在现实生活中,哪些行为会破坏夫妻间的信任感呢?

1. 无端的猜忌

相信很多男人都有过这样的经历：有时候老婆会莫名其妙地对自己发火，自己却不知道是什么原因，一头雾水，等老婆气消了，一问才知道，原来老婆听到自己在给女同事打电话，或者看到自己和别的女人在一起说话，就是因为这点小事，老婆就会以为自己要出轨了，要背叛这个家庭了，可是其实根本就不是那么回事，聊天打电话纯粹是工作上的事情，但和她解释就是解释不通……很显然，这一切都是爱人的猜疑惹的祸。

真正美满的婚姻，不但要经得起时间的考验，而且还应该富有一种平和的情感包容。这种包容，说浅了是对爱人的"放心"，说深了便是相互信任、相濡以沫。

玉琳跟刘凯恋爱时就喜欢猜疑，她经常盘问刘凯过去的恋爱史。刘凯向她解释，她却总表现出似信非信的态度。刘凯把她的猜疑当成女孩恋爱时的正常现象，心想结婚后就会改善的。可刘凯错了，婚后的玉琳猜忌之心越发严重了。

刘凯玩桥牌、围棋的时候喜欢关机，她找不到刘凯就会发狂。不但给朋友的老婆打电话，事后还直接给他的牌友棋友打电话说："你们安的什么心呀？是不是想破坏别人的幸福生活？谁要是再约我老公去打牌，我就闹离婚给你们看！"弄得刘凯在朋友面前很没面子。

按照她对刘凯的要求，他不能随便和女同事讲话。如果在路上有女同事和他打招呼，回去后她必定要盘问清楚，弄得刘凯和女员工讲话时心里都有阴影，总觉得她会从哪里跳出来大闹一场。

如果晚上有应酬，刘凯也不敢在外面多待。常常饭局进行到一半，大家正在兴头上，就要提前回家。次数一多，大家非常扫兴，渐渐地就不怎么喊刘凯同去了，刘凯仿佛被隔离在社交圈子之外了。

婚姻大厦就在这样的猜疑中动摇瓦解，刘凯不止一次动过离婚的念头。可双方的父母说，这又不是第三者插足，不属于原则问题。用刘凯母亲的话讲，老婆是因为在乎他，所以才这样猜疑。但刘凯总觉得这样的婚姻真的没有什么意思。

我们都知道，人与人之间一旦产生了设防和猜疑，之前的感情就会化为泡沫，夫妻之间更是如此。如果我们总是因为很小的事情就用怀疑的眼光去看待另一半，只会让对方感到压抑以及不被信任。真正的爱，就应该给对方一个宽松而自由的空间，让对方在这个空间里自由呼吸。

2. 爱人晚归，不要像审问犯人一样审问他

现代社会，男人在外拼搏，应酬晚归是常有的事情，这也让很多不自信的女人有了更多的遐想空间，所以在男人回家之后总要仔细盘问一番：去哪了？和谁在一起？做了些什么？都要知道得清清楚楚，稍有不对，就大吵大闹，胡乱怀疑男人在外面有了情人。这样的女人把男人当成自己的私有财产，恨不能在他身上装上监控器，时时刻刻知道他的行踪。

爱是自私的，这话没错。但是男人就像天上的风筝，只有放飞他，给他自由，你们的感情才能历久弥坚；如果总想着把他拿在手里，试图操纵他，他想要逃离的心情就会更加强烈。要知道，婚姻是用温柔、委婉、体贴、关心以及沟通理解来维系的，绝不是用严刑审问能长久维持下去的。

3. 不偷翻爱人的手机

相信很多人都曾经看过那部红遍大江南北的电影《手机》，当时它在已婚男女中引起了爆炸效应，以至于女人们纷纷带着自己的丈夫去看《手机》，说是为了让男人们接受教育，自己也可以从中学习对付丈夫出轨的经验。

而男人们则叫苦不迭，洞悉了男人秘密的女人们从此对丈夫的手机严加盘查，让男人不得安宁。实际上绝大多数的人都有偷偷翻看伴侣手机的习惯，他们也知道这样做会让对方不高兴，甚至会遭到对方的反感，可就是无法控制自己的偷窥欲望，无法控制自己想要掌握、占据丈夫所有生活空间的念头。

别将家变成"囚笼"

生活中，多数人，尤其是女人对婚姻缺乏安全感，她们一旦步入婚姻后，便总是害怕会失去爱情，为此便会对自己的另一半实施"时时盯紧，步步跟牢"的政策，甚至恨不得能够找一根曲别针将他别在腰间。于是，另一方便失去了自由，家就成了囚禁人的"牢笼"。而被囚禁的一方会为此感到郁闷、痛苦，想方设法要获得自由，而"施禁"的一方则更是变本加厉，绞尽脑汁，想尽办法抓住对方，以期抓住爱情。所以，很多结了婚的人在一夜之间便突然变成了"超级间谍"，他们的伴侣从此也失去了以前的自由。要知道，这种毫无界限感的做法，只会让人越来越想逃离。毕竟每个人都是讨厌被约束的，你给另一方套上枷锁，只会让人备受煎熬，接下来，他们就会每天寻思着如何摆脱这样的囚禁，一旦有了机会，便会变本加厉地享受自由。

晴宜的老公周建长得仪表堂堂，是个标准的帅哥。周建是一家外贸企业的职员，和晴宜结婚后，因为生活压力增大，便努力工作，不到半年便被擢升为公司的业务副经理。从此之后，周建便比之前忙碌了许多，几乎天天都有应酬。周建开始早出晚归，虽然跟晴宜还是像以前一样甜蜜，但是随着时间的推移，晴宜便开始怀疑：他真的有那么多的应酬吗？

越想越不对劲，晴宜便对周建开始"查岗"，跟踪过几次之后，看到周建与一群男男女女出入酒楼、保龄球馆、咖啡屋这些地方，就更加不放心了。她开始苦思冥想，终于想出了一个对策。每当周建说有应酬的时候，她便不动声色，当周建出门后，晴宜便会打电话过去，说自己今天得了急病，或者自己的钥匙忘在了家中，进不去家门之类的……

周建是个很体贴的男人，听到这些消息便会立即回家，回到家中看到晴宜在欺骗自己，先是苦笑，时间久了便开始愤怒、大吵，但是晴宜却铁下心，坚持自己的做法。这样让周建很多次与客户失约，或者半途退场，生意丢了一单又一单。客户说他不讲信誉，经理见他业绩下滑，也给他降了级。面对此种打击，周建痛苦极了，他没想到，原本温柔可人的爱人，怎么结婚后变成了这个样子。后来，在压力下，他们的婚姻也宣告解体。

晴宜如何也想不到，被自己紧紧盯牢的丈夫最终还是"走私叛变"了。

晴宜与丈夫的相处模式显然是界限感模糊的行为，她将丈夫盯得太紧，最终伤了感情，也让丈夫想要逃离婚姻的围城。

聪明者在婚后都懂得保持界限感。他们懂得尊重彼此的感受、思维，将对方看成是一个独立的个体，而不是自我意念的"附属物"。这样的夫妻关系之间不仅仅有爱，还有尊重和相互成就。正如斯科特·派克所说：真正的爱，不是单纯的给予，还包括适当的拒绝、及时的赞美、得体的批评、恰当的争论、必要的鼓励、温柔的安慰、有效的敦促。

那么，在生活中，我们该如何与自己的伴侣保持必要的界限感呢？

其一：不要什么事情都管。

在婚姻中，很多女人经常犯一个错误，总觉得与对方既然结了婚，他就应该什么事情都和自己分享，什么事情都一起承担，有福同享，有难同当好像也是这个道理。可是，每个人都是独立的个体，即便是结了婚还是会有属于自己的事情，男人除了婚姻，还有自己的友情、事业，每天花在上面的心思不比爱情上的少，而这些东西又不是所有女人都懂，男人也不一定愿意说。

女人如果什么事情都要过问，比如不要男人随便应酬，不要男人和朋友聚会，知道的是女人为了男人好，不知道的只会让男人反感。

其二：不要什么秘密都想知道。

既然是秘密，就说明并不想让别人知道，人活在这世上，谁没有个只愿意藏在自己心里某个角落的秘密呢，不论是多么亲近的人都不愿意说。而夫妻之间如果总是刨根问底地想要知道对方所有的秘密，不顾对方的意愿自以为是，想当然地去探听对方的秘密，只会让对方越来越想要逃离自己，这岂不是与自己的初衷背道而驰？不去探听对方的秘密，有些事情，对方如果愿意说是一定会说的。

其三：不要随时随地黏在一起。

夫妻之间保持界限感，还要注意的一点就是不要随时随地黏在一起，结了婚、成了家就意味着担负起了一份责任，如果还像谈恋爱时那样整天黏在一起，婚姻生活不一定能够幸福。

成为夫妻以后，除了爱情，还有一份亲情在，每天朝夕相处，如果还随时随地黏在一起，不给彼此留一点空间，时间久了必定会厌烦。

再好吃的东西天天吃也会失去兴趣，更何况是人与人之间的相处，有这种天天黏在一起的闲工夫，还不如多去充实自己，给彼此制造新鲜感，婚姻生活也需要乐趣。

保持必要的距离：抓得越紧，失去就越快

有句话说得好，爱情就像握在手中的沙子，你抓得越紧，它便溜得越快！你拼命对一个人好，生怕做错一点事情对方就不喜欢你，这不是爱，而是取悦。分手后觉得更爱对方，没他就活不下去，这不是爱情而是不甘心，就像拼命努力工作的人，生怕别人会看不起你，这不是要强，而是恐惧。这段话准确描述了在婚姻中界限感模糊者的内心。

在婚姻中，界限感模糊者，总想着竭力地抓住对方，恨不得将对方视为"自我"的一部分。在爱情中，他们一旦爱上一个人，便会一心一意地为其付出，哪怕是倾其所有也在所不惜。所以，他们在爱情中极容易将伴侣抓得很紧，而这样做只会适得其反，爱从他们手中溜得也极快。

一个正处于恋爱期的女孩子问母亲："我们恋爱已经三年了，刚开始的我们很是甜蜜，但是现在我觉得爱情变得越来越沉重了呢？我该以怎样的态度对待爱情呢？"

母亲便轻轻地抓起地上的一把沙子，沙子全部都盛在她微微凹卷的手心里，一粒也没有掉下，然而，当母亲紧紧抓住沙子的时候，沙子则几乎全部从她的手心中掉落了，当母亲再次摊开手掌的时候，手心中的沙子则已经所剩无几了。

这就告诉我们一个道理：爱情就像捧在手中的沙子一般，你不

抓紧它，它就是圆圆满满的，不会撒落，一旦抓紧它，就会使彼此无法呼吸，爱情就会变得扭曲，也就很容易失去对方。也就像一首歌中所唱的那样，对待爱情要坚持"半糖主义"，爱来之不易，要留一点点空隙，彼此才能呼吸，这也是抓紧对方的关键。

生活中，我们经常会听到一些界限感模糊者的抱怨：我已经对他付出了全部，为什么还是得不到他的心；我为他放弃了一切，他为何还是移情别恋？……许多人失去爱，并不是因为不够爱，而是因为爱得太浓，把对方抓得太紧。

爱得太深切，就变成了自私，变成了占有，就会令彼此觉得疲惫不堪。很多人之所以失去爱情，就是不明白，爱情固然是甜美的，但若为"自由故"，就会被人所弃。所以，当你给予对方过多的爱的时候，就意味着你已经抢占了对方独立的"地盘"或"圈子"，这时候，原本的"付出"也就变成了"索取"，最终让对方觉得你蛮不讲理，不可理喻，会让人逃离你。要想让爱情甜蜜永远，就要学会从容爱，切勿拼命爱。请给对方一点独立的空间和隐私，让双方都能在爱情中享受自由、顺畅地呼吸。

界限感：让爱情更长久

作家周国平说："一旦没有了距离，分寸感就容易丧失，随之丧失的是美感、自由感，还有彼此间的宽容和尊重。"生活中的夫妻相处也是如此，适当的距离能够产生美，好的关系因为有了界限与分寸，才会使两者之间相处起来更为轻松和愉快。不靠得太近，也不离得太远，亲密的同时有间隙，生活中能够尊重对方的生活习

181

惯、生活理念和生活方式，就是最令人舒服的关系。

刘茵与丈夫结婚十年，如今两人依旧恩爱如初，这种恩爱源于生活中他们始终保持界限感。丈夫是公司的销售人员，经常出差，而刘茵则经常待在家里。生活中的他们，亲密却独立，不会在见不到对方的日子里催促询问，而是给彼此一个自由、安静的空间。

丈夫经常在外地，有时大半个月都见不到面，遇到节假日，刘茵会独自与好友小聚，而不是跑去外地与丈夫在一起。这一点，她的丈夫也从未抱怨过。

即便是在家里，他们会专注于做自己的事情，互不干扰，他们各自的书房都离得很远，以确保自己办公时不会受到影响。有时候，两人在家一坐下来，丈夫会拿起电话或电脑处理工作上的事情，而刘茵也不会觉得自己被晾在一旁，因为她早已经接受丈夫的习惯。即便是两人一起看电视的时候，如果丈夫不喜欢电视上的内容，便会独自到书房去看自己喜欢的节目，而刘茵也不会觉得失落和孤独，极为尊重丈夫在生活中的每一个决定。在刘茵看来，夫妻不需要每时每刻都必须黏在一起，浓情蜜意，适当的距离远一些，才能让彼此相处不累。

爱情，不是让人窒息的付出与捆绑，而是保持必要的界限感，给予适当的空间，让爱人自己选择，按自己的意愿去生活，才能让对方感受到温馨和舒服。

今年28岁的小倩一共经历过四段刻骨铭心的爱情：自认识第一个男朋友之后，她恨不得把自己的全部都给他。为了他，她几乎放弃了她的全部。为了能与男友待在同一座城市，她辞去了异乡前程似锦的工作，还为了他疏远了身边的同性异性好友……为了能够取悦男友，天天情愿待在家中，做个幼稚的小主妇：买菜、做饭、化妆，每天到他公司楼下等他下班，每天打好几个电话嘘寒问暖……直到三年后，她却被男朋友无情地甩掉了。这段恋情像极了电影《殇情夜》中的桥段：我苦苦等你，却只换回一句"分手"的短信。

第二段感情亦是如此，只是她被男孩甩的时间提前了些，不到两年，男友就毫不客气地对她说了"拜拜"！随后，她又重复了有着类似情节的第三段感情，终还是被甩。

被爱情连伤三次之后，她自己也痛苦地思索：为什么我这个痴情女总会遇到薄情郎？为什么我为他们付出了自己的一切，却只换回他们无情的背叛？

小倩为此消沉了一段时间，从爱情的伤痛中挣脱出来之后，她就做了一个决定："今后，无论遇上什么样的男人，我只做我自己，不再将精力过多地花费在对方身上，每天只关注自己的心情，只做让自己高兴的事情，不再为取悦任何男人而生活！"

后来她遇到了第四段爱情，而小倩也再不是当初那个为了爱情而生活的小女孩了。如今的她，即便恋爱了，也依旧会保持自己独立的生活姿态，在与男友的相处过程中有了极为明显的界限感，每次男朋友为自己提供了帮助，她都会客气地向对方说："谢谢，麻烦你了……"诸如此类的话。而且她会因为陪闺蜜逛街而推掉与男友的约会；为了加班赶稿可以让男友将生日聚会推迟一天；她只买自己喜欢的衣服，只看自己喜欢的电影；偶尔下一次厨房，也一定会做自己最爱吃的菜……想想以前的三段恋情，她自己也觉得自己与现在男友的关系不太亲密。但是，她彻底想通了，恋爱就是为了让自己更快乐！她随时做好了与男友分手的决定，她决不会为了任何人而妥协自己内心真实的快乐！

交往一年之后，男友就特意十分正式地找她谈话，正等小倩准备要分手时，男友却对她说："我们结婚吧。只有把你娶回了家，我才觉得能够将你彻彻底底地抓牢了!"

回忆前情旧爱,她内心感慨颇多:曾经那么重视爱情,为爱情付出全部,却屡屡被甩;如今不那么重视,没付出多少,却被爱人当成了宝贝!

最终她还是明白了:只有在相处的过程中保持必要的距离,才能够让爱情之路走得更顺畅。

其实,在生活中,那些在爱情中受伤的人,往往是太缺乏界限感与分寸感的人。他们将自己的注意力全部倾注于一个人身上,让对方感到无比地沉重。《东京爱情故事》中,完治对莉香说:"你给的爱太重了,我背负不起!"真是令人伤心的一句话。有些男女的分开,不是因为不爱,而是因为缺乏必要的距离感,将自己心爱的另一半给逼走了。

那么,我们该如何把握婚姻生活中的界限感呢?

其一:把自己当作独立的人,努力做到精神独立,不过度依赖。

生活中,很多夫妻关系出问题,是因为一方精神不够独立,对另一方过度依赖而使伴侣之间的界限感模糊造成的。这里的"精神独立"是指能够完全独立地把控自我意识、思维活动和一般心理状态等,而不受外在环境或他人行为的影响。当然,要真正地做到"精神独立"就需要我们在生活中不断地修炼自己的内在。正如白落梅所说:"许多人想行云流水过此一生,却总是风波四起,劲浪不止。平和之人,纵是经历沧海也会安然无恙。敏感之人,遭遇一点风声便会不知所措。命运给每个人同等的安排,而选择如何经营自己的生活、酿造自己的情感,则在于自己的心性。"

其二:把对方当成独立的个体,予以尊重,不控制对方。

多数时候,我们容易忽略伴侣的边界感,都是因为我们将对方看成是"我"的一部分，觉得他是我的人，她应该听我的，或者应该属于我。所以，我们常常会按照自己的想法去控制对方。其实这就是没有把对方当作有独立意愿的人，没有尊重他的边界感。

对方是一个完整的有独立意识和人格的人，他有自己的边界，有独属于自己的空间，有自己的想法，有自己的爱好。在生活中，可以遵循以下的相处原则：比如我在看书的时候你在画画，我在卧室的时候，你在客厅看电视，相得益彰，互不打扰。我有自己的爱好，你去做你自己爱好的事情，互不管制；你有你的空间，我不会限制你的自由；我们相互了解而又相互尊重，边界感不会让我们产生隔阂，反而会拉近彼此间的关系；保持合适的边界感，相处讲分寸，才能给对方足够的安全感……

印度哲学家克里希那穆提说："灵魂只能独行，因为我们都有能力决定自己的方向，却没有能力控制别人的道路。如果偏要把别人拉到你的生活轨迹上，或者你又要强行进入别人的世界，最终的结果无非只有两种，要么在自己的世界里等死，要么在别人的世界里被扯到四分五裂。"所以，要避免伴侣间上演悲剧，就要避免将对方强行拉入你的生活轨迹中。

其三：养成控制和协调边界的习惯。

伴侣在一起时间久了，会觉得对方为自己所做的一切都是理所应当的。但是人都是有惰性的，一方如果不主动去按照另一方的"意念"去做事情，就会被埋怨。比如在一个家庭中，丈夫觉得女人做家务就是理所当然的，是"应该"的，如果有一天妻子不做，就会被埋怨和被数落。殊不知，家是丈夫与妻子的共同体，只要是家里的事情，丈夫也是有责任和义务去承担的，妻子也是一个独立的个体，她也有疲惫的时候。而边界感清晰的丈夫，则会尊重妻子，主动承担家务，而不是去埋怨和数落。对此，一位主持人曾在一个节目中说道："生活中的许多夫妻关系，都有一种莫名其妙的不客气。当你追人家的时候，特别积极，给人家到锅炉房打开水，把食堂座位占好，饭打好，可等一结婚，一过上日子，只要在家里面，就开始横挑鼻子竖挑眼的，'谢谢'也不说了，'我爱你'也不说了，'对不起'也不说了，直接就是'老婆给我倒水'，'老婆快点去做饭'……这种界限感模糊的观念，极难把生活过好。所以，在任何时候，丈夫和妻子之间都不要忽视掉边界感，应该时时向对方说'谢谢'、'对不起'……"确实，在生活中，我们要养成控制和协调边界的习惯，就应该时时跟伴侣说："谢谢、麻烦你"等类似的客气话语，这样的表达其实就是把对方当作一个独立的人。对方并没有义务去免费为我们付出，他们这么做都是出于对我们的爱，而我们应该时时表达感恩，这是尊重对方的一个小小的体现。这也就是为什么那些能相敬如宾、举案齐眉的爱情，才能走得更为长远的原因。

一些伤人的话，别轻易说出口

俗话说，"良言一句三冬暖，恶语伤人六月寒。"在婚恋中，伴侣虽然与自己极为亲密，可以什么话都说，但是也要把握好分寸。尤其是一些伤人的话，永远不要说出口。

1. 你看看人家……

在现实生活中，许多女人总是爱拿自己的丈夫与别人的丈夫比较。而女人对于男人最具杀伤力的一句话莫过于"你看看人家……"。女人总是奚落自己的丈夫不如别人的丈夫能赚钱，不如别人的丈夫会浪漫，不如人家有本事，不如人家潇洒，不如人家会做家务……这种对丈夫无能的指责既可能是事业上的，也会是生活中的，但往往是这句话大大刺伤了男人的自尊心，事业是男人生命的重要组成部分，一味地讽刺挖苦就可能将男人置于绝望的境地。久而久之，家庭矛盾自然就会爆发。

张雷和小曼结婚才一年，刚结婚时，张雷感觉很幸福，妻子小曼温柔又体贴，自己的事业也正在一步步往上升。可这样的情况在半年后却发生了急剧的转变。他每天回到家，总是看到小曼阴沉着脸，一边做饭，一边向他叨唠：楼下的张先生刚刚换了一辆小轿车；今天李太太说她丈夫升职成了总经理；晓晨过生日的时候她丈夫送了她一条钻石项链……

刚开始张雷还能忍受，认为妻子只是发发牢骚。可是时间一长，小曼越来越喋喋不休。每天回到家都要忍受妻子的抱怨。张雷试着和妻子沟通，但最后小曼都会以"你真没用，当初怎么嫁给了你"而结束。结婚不到两年，他们的婚姻就亮起了红灯。

2. 当众批评、指责对方，不给对方留面子

人人都是有尊严的，也是要面子的。所以，在婚姻中，我们行事一定不要伤及对方的自尊和面子。然而，许多人在婚姻中一旦发起火来，都不会顾及对方的面子，比如在公众场合批评和指责对方，最终让对方极为恼火，最终引发不可调和的矛盾。

3. 总是喋喋不休地抱怨

卡耐基说：在地狱中，魔鬼为了破坏爱情而发明的恶毒办法中，抱怨和唠叨是最厉害的了。它永远不会失败，总是具有破坏性，总是置人于死地。

女人要想保持可爱的形象，最重要的不是挑选化妆品，也不是购买昂贵的首饰来装饰自己，而是要管住自己的嘴巴。没有哪个男人会欣

赏唠叨不休的女人。可以说，抱怨和唠叨是夫妻感情的一大杀手。

4. 一吵架就说"分手""离婚"

一些女人只要和男人吵架，就以"分手""离婚"要挟。其实，女人说这些话并不是真的想离婚、分手，而只是气话，但是这句话出口后，会让男人感到心凉、失望，从而有一天真的会离你而去。

5. "你真没用……""找了你真是瞎了眼了！"

这些伤及男人自尊心和面子的话，会让男人对你们的婚姻和爱情失去信心，久而久之，也会使你们的关系变得冷淡、疏远。

6. 不必追问另一半的过去

妻子："说说你的初恋吧！"丈夫："不就是你吗！"妻子："不是隔壁班级的班花吗？"丈夫："没有的事！"妻子："她漂亮还是我漂亮？"丈夫："你。"妻子："我不相信。你就敷衍我吧！她不漂亮你还留着她的照片？"

相信上面这段对话经常出现在生活中夫妻的对话中，很多女人总是有一种不安全感，不管出于什么目的，她们都喜欢追问老公的过去，希望老公在她面前就是透明的。但大多数时候，女人这样的追问都不会得到男人的回答，甚至会引起夫妻间不必要的争吵。

结婚的男人大多不愿意谈论从前的恋人，妻子若是聪明就应该把握现在，而不要一直追问过去的事。成熟的人不问过去，聪明的人不问现在，豁达的人不问未来。处在婚姻中的女人们，应该信任不能猜疑，应该宽容不能苛求。

7. "浪费那些钱做什么？"

男人最头痛的大概就是给女人买礼物了。如果情人节买一束花，太太心里虽然很喜欢，嘴上却会说：浪费那钱做什么？买一件衣服，太太却说：难看死了。或者说：你就会拣便宜货。可想而知，以后要是再有下文就难了。聪明的女人不管丈夫为自己买什么，都能透过那些物质，看到后面的一颗爱你的心，并对那颗心心存感激。即便不是一颗很爱你的心，但有了种子，你还怕它不开花结果吗？

别轻易去触碰爱人的心理"底线"

在生活中，一些人与爱人在一起时间久了，极容易发生这样或那样的矛盾。毕竟长时间地生活在一起，有些磕磕碰碰是难免的，但是夫妻之间闹矛盾也要讲究分寸，不要轻易去触碰对方的心理"底线"，否则，极容易使两人之间的情感出现裂痕。

有一个真实的故事：

一对夫妻在一起生活，丈夫竟然十多年都没有对妻子说过一句话。两人闹成这样，就因为急性子的妻子在一次吵架中对着丈夫大喊了一句："你这个垃圾堆里长大的男人。"这句话出口后，便深深地刺伤了男人的自尊心，从此，原本深爱妻子的他不再和妻子说一句话。

十几年里，懂事的孩子和年迈的老人想了很多办法让他们和好，但都没有效果。妻子也为这句话后悔不迭，想想当年的争执也不是多大的事儿，要是冷静一些，也就不会说出那样刻薄的话了。

这件事听起来有些不可思议，但也充分说明：人的心理底线是不可触碰的，否则，一定会让你的爱情付出惨痛的代价。所以，急性子的人千万不要以为你们在一起很多年，就是一家人了，你就可以在爱人面前肆无忌惮地想说什么就说什么。这样只会将你辛苦经营起来的感情毁于一旦。真正富有智慧的爱人，会明白爱人的哪些地方是不可触碰的，然后在说话时会格外注意，即便再性急，火气再大，也会守住两人相处的边界，管住自己不去触碰对方的一些"禁区"。那么，在生活中，哪些事情或话语会令伴侣难以忍受呢？

1. 无法容忍爱人批评自己的父母

父母是我们每个人永远的根和永远的牵挂。或许在你看来他（她）的父母有各种各样的不好，你有各种看不惯，但切记一定不要随便批评甚至侮辱他们。父母代表了爱人的出身，你批评他（她）的父母就是批评他（她）的出身。聪明的人都知道，要维持一个美满和谐的家庭，就一定要维系好与他（她）父母的关系，更不要动不动就对其父母进行指责或批评。

2. 无法容忍爱人说自己的身体缺陷

无论男人或女人都想有一个好身形，但如果他（她）没有，那就别总揪着他的这点缺陷说事了。要知道，身材不好的他（她）本身对此已经很自卑了，你说他（她）就等于拿刀子在戳他（她）的痛处。比如，你对一个身高不足一米七的男人说他"好矮"，无异于当面让他下不来台；对一个有罗圈腿的女人说"腿真难看"，顿时会让她觉得比人矮半截；对一个瘦弱的男人说"你一点肌肉都没有，像个林妹妹"，肯定会让他羞愤难当。

3. 无法忍受爱人总质疑他（她）的能力。

每个人都有自尊，人人都害怕自己辛苦努力或一腔热情后换来的却是爱人的一句"你又不行"，哪怕是疑问的语气"你会吗"？如果你的爱人在某方面受挫了，千万不要用嘲讽的语气评价他（她），那等于在他（她）的伤口上撒盐。失败了，每个人心里都不好受，作为爱人就不要再打击他（她）了。这个时候，他（她）需要的是你的鼓励，而不是你板着脸的教训和埋怨。与其批评和指责，不如对他（她）温柔一点儿，安慰他（她）"胜败乃兵家常事"，用鼓励让对方重整旗鼓，恢复自信。

4. 无法忍受爱人对自己指手画脚

在他（她）做事的时候，你好心从旁提醒，却发现他（她）根本不领情。其实每个人都非常不希望自己在努力时，爱人在一旁指手画脚，尤其是在外人面前。有的急性子在事情做不好的时候，偏偏喜欢在一旁一边着急，一边瞎指导，甚至还大包大揽，干脆一把抢过来："我来吧！"日久天长，会打击爱人的自信心和自尊心，让他（她）越来越没自信。

5. 无法忍受你经常数落、责骂他无用

男人都有自尊心，假如妻子整天责骂老公是个没用的东西，这对老公的自尊心是最大的伤害。就因为你的责骂，他会变得自暴自弃、自甘堕落，最后真的成了一个无用的男人。

有的老婆常习惯性地指责自己的老公："就你，也能成功？哼！你也不照照镜子，就你这副德行，要能成功的话，太阳就打西边出来了。"这种伤人的恶语，必然会使夫妻关系变得更加恶劣，冷却到极点，让整个家庭阴云密布。

瑶瑶的老公自从和她结婚后，瑶瑶的数落和责骂声就不绝于耳。他不知道自己该怎么办，认认真真工作了还是会被瑶瑶责骂无用，如果不工作，又丢掉了男人对家庭的责任。于是他只好忍气吞声。

可是瑶瑶依然看老公不顺眼，不管做什么，都少不了一顿责骂：你真没用，一个大男人，什么也做不好，你看这地板擦得就像戏台上的大花脸；你看这书放的，就不能摆得整齐一点；看你这玻璃擦的还不如不擦的亮呢。一天就知道吃，你真是废物一个，嫁给你这样一个废物我算是瞎了眼了……本来是一件生活中的小事，可经过瑶瑶的联想，问题就很严重了。

实际上，瑶瑶的老公并不好吃懒做，也不令人讨厌，而且长得也很帅。他回到家里帮老婆做点家务事，是对老婆的体贴，可得到的却是老婆的责骂声，瑶瑶这种毫无意义的责骂，是在亲手摧毁自己精心编织的美满婚姻。

其实幸福就掌握在自己的手里。然而，却有很多人不明白其中的道理。经常责骂伴侣没用，是一种愚蠢的夫妻相处之道。聪明的人要远离它，要学会用肯定代替否定。在许多人看来，责骂伴侣也是为对方好，想让他有所改进。可是，他们没有想到伴侣是有自尊的。所以，经常责骂伴侣没用，只会适得其反。如果要使你的伴侣在某些行为上有所改进，则应该在肯定他的成绩以后，再提出你的建议，这才是解决问题的有效方法。

6. 无法忍受你对他越来越挑剔

很多人从恋爱到结婚，就一直在挑对方的毛病，比如抱怨对方总爱睡懒觉，抱怨对方一心只扑在工作上，没时间陪自己，抱怨对方不讲卫生、不整理房间等，在这些挑剔声中，日子一天天过，对方却少有改变，照样不愿意早起，照样不讲卫生。可是我们却在这一天天的挑剔中变成了一个对任何事情都怀揣不满的、毫不可爱的"挑毛病专家"。这其实是界限感模糊的表现。

实际上每个人都有缺点和毛病，作为伴侣，如果总不停地挑对方的毛病，只会越看越不顺眼，与其整天把自己弄得神经兮兮，还不如去习惯它、适应它。也许你的伴侣有诸多的毛病，也许他正在努力地改变，但是因为有了你的挑剔，他原本积极的心就会变得逐渐麻木，时间久了，不但不会改掉你挑剔的毛病，还会让他不胜其烦。

杜江涛最近可谓苦不堪言，原因就是妻子的挑剔。对朋友说起妻子的这个毛病，杜江涛相当气愤："有妇联怎么就没夫联？谈恋爱时温柔可人，结婚后蛮横无理，骂人竟跟家常便饭一样。早上想赖赖床，她指着我的鼻子，骂我是懒猪，早饭只做了她自己那份。买菜回来时，我忘买了哪样东西，她就骂我没长记性，得痴呆症了。下午匆匆忙忙赶回家烧晚饭，一不小心把饭给烧焦了，我没闻出焦味，我的鼻头也要挨骂，'空长一个鼻头'，吃饭时喝点酒，她骂我老酒鬼，如果这么多年不喝酒都可以买好几台空调了。我现在每天都想待在单位里，要么就去公园走走，总之不想回家。"

婚后，个性不同的两个人生活在一起，生活习惯、脾气性格、兴趣爱好会有所不同，如果过于挑剔，凡事都让对方按照你的标准和要求行事，最终的结果就是引起对方的不满和反感。作为伴侣，多包容对方的缺点和不足，经常换位思考，遇事多商量，大事求同，小事存异，那才是明智、惹人疼爱的。

有技巧地消除夫妻间的隔阂、矛盾

夫妻间的矛盾和隔阂，大都是因为沟通不畅造成的。在婚姻生活中，如果沟通失了分寸感，很有可能就会使夫妻间的关系变得如履薄冰。所以，生活中我们切勿觉得是一家人就能口不择言，其实往往最让人伤心的话都是另一半说出来的。为此，要使两人的感情不出现裂痕，就要把握沟通过程中的分寸感。

良好、正确、真诚、心平气和的沟通，可以使很多处在平淡中的夫妻，变得更加的恩爱、和谐。夫妻间的沟通也是讲究技巧的，以下几个方面是需要注意的。

1. 表里如一

当你内在的想法与表达出来的信息一致时，一方面可能让你照顾到自己内在的需求，不会委屈、压抑情绪或有戴面具的感觉，另一方面让对方知道你到底要什么，才能重视你的问题。这样的沟通，才能顾及双方感受。例如：有些人在表面上回答"没关系、都可以、看你想怎么做"，实际上内心另有其他想法。

2. 澄清

学习在沟通过程中给对方反馈，将你听到的告诉他"你的意思是……""你是说……吗？"可避免因听错而产生不必要的误会。

3. 学会倾听

夫妻在沟通时，许多人往往急着表达自己的意见，忽视了对方在说什么，而各说各的，使沟通效果大打折扣。倾听是指站在对方的立场上，用心去了解对方所表达的意思。不只包含听到对方说什么，还要观察对方话语里蕴含的意义，注意到其手势、表情、声调、身体语言，当一个人心口不一时，往往可从中感到真正的含义。然后对于听到、观察到的，给予适当而简短的反应，让对方知道你在听，会让对方感受到被尊重。

4. 接纳

不论你听到什么，不管对方的表达内容是对是错，先别急着辩驳或指正，试着承认对方真的有此感受，才能够使他愿意放下防卫，弱化个人的坚持，进而聆听你说的话。认可对方并非代表同意对方的观点，只是表示你能够体会到他的感受。

5. 欣赏与鼓励、包容与谅解

增进两人的情谊，随时为两人的情感亲密度加温的沟通，可为夫妻之间的和谐美满打下深厚的基础。

6. 不可使用威胁、羞辱等伤害性或批评性的言语沟通的目的是希望自己的信息能被尊重与接纳，如果使用具有伤害性或批评性的方式来传达，对方会产生巨大的防卫心理，可能会引起对方的负面情绪，这样会让双方陷入情绪化的互动中，失去沟通的目的。

7. 不要总说"你怎么样"

许多人在与伴侣沟通时，常喜欢用"你怎么样"来沟通，比如："你难道不能……""你不准这样……""你以为家里只有你一个人吗?"这容易让对方感到受到了威胁，而引起反抗心理，或者激怒对方而引发矛盾。

若运用"我怎么样"，以我开头，比如："我觉得……""因为……"则较无攻击性，让听者有较大的心理空间来思考你说的话，而且用"我"开头，表示说话者自己负起这次沟通的责任；若用"你"来叙述，则容易把过错丢给听者，容易激起听者的负面情绪。

为了维护良好的婚姻关系，夫妻双方必须做好有效的沟通，平常只有多沟通，夫妻之间才不会出现那么多问题，沟通好了，彼此的关系自然就亲密了。

吵架也要讲分寸：为不畅的沟通"排排毒"

爱情是人世间最为浪漫的一种情愫，诗人徐志摩说："我将于茫茫人海中访我惟一灵魂之伴侣；得之，我幸；不得，我命。"多少人视爱情如难获的至宝，可是又有多少人在被爱情伤过之后将爱情弃如敝履？爱一个人就会把对方对自己的好视作理所当然，这种界限感模糊的观念，很容易让我们不懂得珍视已有的感情。有时候甚至会因为丧失分寸的争吵而让感情变质。

　　杨曼凝和郭云飞一见钟情，他们在海边邂逅，被对方深深吸引，交换了手机号码之后就开始了频繁约会。杨曼凝青春靓丽，郭云飞高大英俊，两个人手拉着手走在一起颇有几分青春偶像剧里的感觉。双方的感情非常炙热，甚至到了难舍难分的地步，二人的恋情曝光后，收获朋友们的祝福，却遭到了父母的强烈反对。杨曼凝的父母嫌郭云飞出身贫寒之家，而郭云飞的父母则反对他和十指不沾阳春水的娇小姐交往，可是两人都认定自己遇到了真爱，无论双方父母怎么棒打鸳鸯也不肯分开。

　　后来杨曼凝和郭云飞不顾双方父母的反对，从家里搬了出来，两人合租了一间公寓，本以为共筑爱巢后他们的感情会更加甜蜜，没想到因为生活习惯的差异，两人经常争吵不断。郭云飞性子比较直，说话非常不中听，经常对杨曼凝恶言相向，吵得激烈时还曾把杨曼凝的行李扔出门外。杨曼凝以个性不合为由提出分手，可是冷静下来的郭云飞却不同意，他口口声声说自己一时冲动说了伤人的话，希望得到杨曼凝的原谅。起初杨曼凝对这段感情还有些不舍，一次次地原谅了郭云飞的中伤。可是有一天，她感到真的累了，觉得自己继续退让下去也不会有结果，尤其是郭云飞当着大学同学的面嘲弄自己时，她越发感到忍无可忍，当天她便收拾了行李，不管郭云飞怎么出言挽留，她都表示去意已决。在洒下了几滴伤心泪之后，她头也不回地离开了两人租住的公寓，彻底告别了这段苦涩的恋情。

　　大部分吵架都是为了宣泄情绪，他们与爱人相处时界限感是模糊的，会肆意地用较为激烈的方式来表达自己的不满，有时甚至还会伤及对方的尊严、面子，从而使分歧加大、感情变质。而如果我们能理性地控制自己的情绪，在争吵时多多讲究一些策略和分寸，吵架非但不会演变成一场灾难，还会变成双方感情的润滑剂。

一个人刚刚升职为经理，开心地开车带女朋友出去兜风，可是由于事前准备不充分，到了野外就发现油不够了，于是就找一个加油站加油。

把车开到了加油站，男士说自己开车累了，想休息一会儿，就让女朋友出去加油，而自己就躺在车上。

过了一阵时间，发现女友还没有回来，放眼望去，发现女友正在和加油工有说有笑，没完没了，回来的时候还亲密地握了握手，使得男士顿生醋意。

等到女友回到车上，男士就问道："那人是谁啊，看你们那亲密的样子，还有说有笑的。"

女友回答说："那是我的同学。"

男士说："要是你当初喜欢上他的话，现在就是一个加油站站长的女友了，可就做不了总经理的女友了。"

女友反驳道："如果我当初跟他好上了，提升为总经理的就是他，而不是你了，明白不？"

一句话说得男士哈哈大笑，发动车子继续兜风去了。

可见，有技巧的吵架，可以有效排除因夫妻沟通不畅而带来的"毒素"，使彼此间的关系更为亲密。

总之，夫妻或恋人间，彼此相爱，就应该宽容对方，原谅对方，理解对方，不要给生活带来太多的"噪音"，实际上偶尔来一些杂音，有分寸感的吵架，斗斗嘴，出出气，训训人，反而会让恋人的生活更加甜蜜，让彼此之间的感情更加深厚，这是因为平淡的生活需要一些刺激来调味，让生活充满更多的滋味。但是斗嘴的时候，要根据彼此之间的性格特点，把握住一个度，不能伤害到对方的自尊，说一些侮辱人的话，更不能揭对方内心的伤疤。